佛光山與教育

許仟 著

臺灣學生書局 印行

序：佛光山與教育

　　本書並非專為佛光人所寫，否則僅要敘述佛光山三十餘年辦學種種，一番歌功頌德即可。本書不僅是對佛光山教育事業有一番回顧，更應是一份學術性的檢視，一份學者的建言。

　　筆者並不是佛教徒，但星雲大師「開宗三十載，說法四十秋，課徒千餘眾，分燈五大洲，化身無盡藏，普為淨世儔」的神情，令人折服。而佛光山開山三十餘年來，樹立了人間佛教的宗風，將佛教帶向制度化、生活化、現代化、大眾化、專業化、國際化與未來化的領域，更是其他宗教團體所為之項背者。

　　國內宗教團體不少，對人間事關懷的行動與落實也很多，由佛教團體觀之，慈濟聚焦於社會救濟，佛光則著重於文化與教育事業，教育樹人既是百年大計，縱然年年辛勤耕耘，成果收穫卻不能在短時間內立竿見影。教育投資與付出，最難見其經濟效益。國內學生間常有戲言：「畢業即失業」，倘若教育果真如此設計，則不如不辦。今日呈現之社會亂象、經濟衰退，其實是十、二十年前教育與訓練的失當，當時種下的因，而有今日之果！由是，吾人面對教育的規劃與實施，不能不慎也！

　　宗教團體辦教育常有其宣教的動機，佛光山興學，卻不盡然單純為弘法而興辦佛學，南華大學與佛光大學就是在星雲大師發願下

成為「佛教辦的大學」，而不是「辦佛教的大學」。大師就算在興辦「佛學」教育的範疇中，比較宗教學研究一向扮演十分重要的角色，不一定完全等於「學佛」；然而不論星雲大師在辦佛學教育或普通教育，都是「行佛」的誼行。

許 仟 2011/1/16 於佛光大學

佛光山與教育

目　次

第一章　宗教與教育

第一節　西方宗教對教育的貢獻

　　東西方宗教信仰縱有不同，宗教團體在教育事業上的關懷心是一致的。今日我國的教育體系，甚至學校教育中的邏輯方法與教材教法，多數借用西方經驗，究竟西方文明為主的基督教在教育上有何貢獻？在學制內的研究方法與教學規範有何優點？在宗教學研究的領域中又有何經驗？今日一窺基督教世界的教育發展，也許可以多提供吾人一份省思。

　　基督教在教育方面有甚多貢獻，為培育神職人員而設置的寺院學校（Monastic School）與教堂學校（Cathedral Schools），是中世紀產生大學的原動力。大部分歐洲大學是由教堂學校發展而來，現代許多大學仍設有神學研究課程。

　　歐美大多數學校的開辦，是由教皇批准的，或多或少都負有宣教的責任。路德和喀爾文敦促基督教新教教會和地方當局，在城鎮農村設立公辦學校，為平民教育之肇端，是今日國民中小學教育的史源。西班牙耶穌會（la Companía de Jesús）羅耀拉（I. Loyola）的教育理念更為今日的師範教育奠定基礎，羅耀拉逝世之後兩百年，耶穌會設立的師範學校共 157 所（NOOSR，1992：3）。教會為了

古籍研究與宣教而教授讀和寫，同時也為教會事務和儀式所需而發展藝術和科學，尤其是年代學和曆法知識，為今日的自然科學與社會科學貢獻良多。

　　歐洲最初的音樂教育也是在基督教教會中孕育發展起來的，除了古典音樂，也包括近代的新教聖詠和聖誕歌曲，以及美國黑人靈歌等。德國的貝斯道（Johann Basedow）為現代體育的創始人之一，貝氏曾就讀於神學院，於 1774 年設立了一所自然主義學校，並擔任校長，將體育和遊戲列為學校教育計劃中的重點。被稱為「德國體育之父」的古茲穆茲（J‧E‧Gutsmuths）曾在哈勒大學（Universität Halle）研究過神學。而美國的第一位體育教師貝克（Charles Beck）是路德派牧師。近代體育的傳播和實施，尤其是學校體育，都與宗教有著密切的關係（張爭鳴，48）。

　　基督教約於西元一世紀左右形成，最初為巴勒斯坦猶太人的宗教，思想源於猶太教與古希臘羅馬哲學（劉煥俊，1988：13；黃偉合，1991：98）❶。以猶太教為主的歷史記錄於聖經舊約中，新約則是描述耶穌與門徒的懿行。在新約啟示錄中，形成「千禧年」和「復仇」的概念，造成羅馬帝國初期對於該宗教的排斥（黃偉合，1991：98-99；謝家樹，1994：19,35-36；陳玉玲，1987：655-662）❷。在千年王國的概念由地上修訂改為上蒼之後，消弭了與羅馬帝

---

❶　「基督教」一詞在聖經中未嘗出現過，據說初代教會一位傳教士依格那提斯（Ignatius）可能是使用「基督教」的第一人。

❷　千禧年（Millennium）依據啟示錄「與基督一同作王一千年」而來（二十：5-6），隨著時間與宗派發展，千禧年的解說甚為歧異，有猶太的千禧年主義（Jewish Millenarianism），此乃由西林徒主義（Cerinthuism）發展而來，等待彌賽亞的降臨；也有奧古斯丁（Augustine 354-443）所認為的

國爭疆土的疑慮（黃偉合，1991：98-99）。❸ 基督徒同時在教義中，逐步完備了博愛、寬容、禁欲、順服等理念，也降低了以牙還牙的復仇觀，終於使羅馬帝國接納由平民、奴隸低階所信奉的東方神秘宗教。西元313年君士坦丁大帝的詔示（米蘭宣言，Ediot Milan），確立基督教在羅馬帝國的合法地位，西元392年起羅馬帝國獨尊基督教、並排斥其他宗教，基督教終成為羅馬帝國的國教，正式宣告基督教世界的來臨。❹

　　基督教義博大精深，所謂正統基督徒主要依據聖經，以信、望、愛為核心，稱基督教為「耶和華教」（The Religion of Jehovah）、是「彌賽亞教」（The Religion of Messiah）、是「啟示教」（The Religion of Revelation）、「救贖教」（The Religion of Redemption）、「奧秘教」（The Religion of Mystery）、「屬天教」（The Religion of Heaven）、「聖靈教」（The Religion of the Holy Spirit）、「事

地上基督王國（上帝之城）；另有前千禧年與後千禧年之說；再有彼得前書「被揀選的族類…」（二：9）解釋千禧年前的第一次復活與第二次復活的差異等等。愛爾蘭總主教 J. Ussher 推算創世日期為西元前4004年10月23日，人類歷史應於1996年10月23日到期，也就是人類歷史的終結獲新時代的開始。

❸ 多神論的希臘羅馬文化原本能接受多元宗教，然基督教徒為當時有組織的團體，因此不能為同樣以組織為立國憑藉的帝國所見容。猶太人不掩飾對羅馬統治的仇恨心，並提出猶太人將「作王一千年」與羅馬爭統治權。

❹ 西元一至四世紀期間，基督教義中除了將「千年王國」由地上遷到天上，成為現實中不可能的虛幻理想，放棄與羅馬人爭疆土；同時在「順從」中將「順服君主」增訂入教義，對羅馬統治者獻媚。羅馬統治者選擇基督教為國教，不完全是對該宗教信仰的心悅誠服，同時也是決策領導人的政治考量。

實教」（The Religion of Facts）、「永生教」（The Religion of Eternity）、
「希望教」（The Religion of Hope）、「世界教」（The Religion of
World）、「復活教」（The Religion of Resurrection）、「悔改教」
（The Religion of Repentance）以及「天國教」（The Religion of God's
Kingdom）（劉煥俊，1988：14）。信徒相信在基督世界裡是有
讚美（Praise）、和平（Peace）、喜樂（Joy）、和睦（Reconciliation）、
福音（Gospel）、稱義（Justification）、救恩（Salvation）、成聖
（Sanctification）、重生的（Regeneration）。由於西方人具有積極
與勇敢的特質，宣教工作不遺餘力，福音也由西方廣泛地傳播至世
界各地。基督教對宣教使命相當期許，也對宣教工作有相當檢討，
至今基督徒佔全球人口約 30%，中東與亞洲地區伊斯蘭教與佛教盛
行，往往是基督教傳福音最艱難的地區，例如泰國佛教徒與基督徒
的比率為 999:1，緬甸有二千八百萬佛教徒，基督徒則只有一萬人
（黃彼得，1982：10-11）。

　　基督教的宣教方式一方面以「會團」（Modality）為架構（類
似國際佛光會、慈濟功德會），二方面以「會社」（Sodality）（類
似道場、寺院）為組織進行，會團包括地方教會、教團與教派等，
成員不拘，來者不拒，組成「屬靈的團契」；會社則有羅馬軍政性
的嚴密組織，成員以熱心宣教的聖徒為中心，有高度犧牲奉獻的精
神（楊東川，1981：89-90）。主要傳教的方法有見證（Martureo）、
說話（Laleo）、傳道（Euangelizo）、教訓（Didacho）、辯論（Dialagomi）、
傳揚（Katangello）、報告（Kerusso）與勸說他人為門徒（Matheteusate）
等（楊東川，1997：71-72）。

　　西元 397 年迦太基宗教會議編訂聖經，是為今日所流行之版

本。❺吉朋的《羅馬帝國衰亡史》指出基督教發展的主要因素在於基督教內部的團結、基督徒堅毅的精神與熱情，以及教徒聖潔和自律的品德。基督教會藉由羅馬帝國軍隊的疆土擴張，將宗教帶進整個歐洲，從此教會與政府（中世紀帝國以及近代的國家）形成互惠互賴的共生結構，彼此也因權力與財產分配不均而產生多少恩恩怨怨。中世紀因十字軍東征，連年戰火且民生凋蔽，當時宗教信仰撫慰人心，成為歐洲社會基本的安定力量，基督教會與僧侶誠有至鉅的貢獻。十四世紀開始，馬丁路德與喀爾文等展開對腐敗天主教（羅馬公教）教會的抨擊，宗教改革導致基督教的分裂，而有今日天主教（舊教）與基督教（新教）之分。

　　不僅在創教初期，基督教義與當時羅馬帝國因現實環境而有所妥協，之後在西方近兩千年的社會發展與變遷中，教會有多重的調整，教義更有多樣的詮釋，例如使徒時期有律法主義（Nomianism，守割禮主義）、禁欲主義（Asceticism，苦修主義）、反復活主義（Anti-Resurrectionism）與知識主義（Gnosticism，諾斯底主義）等對於聖經歧異的解讀。在成為羅馬帝國國教時期，有馬其頓主義（Macedonianism）與性一論（Monophysitism）等，更對聖經有疑似片面與偏頗的演義。❻中古教會時期，羅馬天主教的神學思想與保羅派（Paulicians）之間亦有差異，在南文藝（復興）北宗教（改革）的十五世紀前後，西方人一方面各自闡釋神的話語，另一方面

---

❺　現今新舊約全書約已譯成 257 種文字。

❻　當時另有多納徒主義（Donatism）、亞流主義（Arianism）、轟斯多留主義（Nestorianism）、撒伯流主義（Sabellianism）、志一論（Monothyletism）等不同的論說與派別。

循著古希臘的腳步找回人與自然的那份真實與現實（人文主義）。
宗教改革心靈少了，心靈改革宗教反而多了。

　　近代西方社會思潮風起雲湧，由個人主義、自由主義到理性批
判等各類哲思與論述，均牽動基督教信仰的核心，更產生宗派門戶
之別。啟蒙運動後，理性主義形成，自然主義蔚為社會思潮之主流，
神學家在此思潮衝擊下，再次將基督教做了大幅度的修正，新派神
學家以「解除神話」（De-mythologization）為由，以「歷史的耶穌」
（Historical Jesus）否定耶穌的神性（God-head）與位格先在性
（Personal Pre-existence）（楊東川，1997：23）。自十七世紀起，
通靈派（Spiritism）、統一派（Christian Unitism）、耶和華見證人
會（Jehovah's Witnesses）、基督教科學會（Christian Science）、
摩門教（Mormonism）前後如雨後春筍的興起，隨後更有新正統派
（Neo-Orthodoxy）與社會福音主義（Social Evangelicalism）等的
出現。

　　二次世界大戰後，歐洲在一片外在頹廢與內在空虛中，發覺戰
火摧毀的不只是家園，同時撼動了心靈所依賴的宗教信仰。六〇年
代的學生運動，在反固有體制與威權聲中，更使新一代的年青人，
不僅成為無政府主義者，也變成無神論者（Dieter Salomon，1994：
51）。❼ 微電子時代加劇改變工作內容及生活方式，帶來社會另一

---

❼　學生運動的本質為反既有體制，學生由要求教育改革到要求生活各階層的
　　徹底翻新，他們質疑國家的權威性、固有的生活方式和行為準則，並且反
　　對美國參與越戰及對第三世界剝削的政體。這股革命式的浪潮不惟在德國，
　　且席捲整個世界，美國、法國、義大利、英國，乃至鐵幕內共黨國家如波
　　蘭、捷克及羅馬尼亞甚至蘇聯等，知識分子串聯工人的各種示威、罷工等
　　行動將這股憤懣推到頂峰。學運及工潮只是這波社運浪潮彰顯於外的主要

次的變遷（許仟，1998）。❽ 至此，似乎宗教與心靈漸行漸遠，人與神的關係也愈來愈形複雜。

　　七〇年代面對於分析複雜的社會發展方向，現代化（Modernization）的概念相較於文化社會學的理性化（Rationalization）使用較為頻繁（陸宏成/陳黎，1998：8-10）❾，現代化的分析可以解釋各社會領域中相互影響的結構變化，包括國家與民族的形成、民主化、工業化、城市化與個人化等領域之結構變化。於是西方學者引發「成長的極限」的爭議，認為現代化的結果，資源與負荷出現逆差，資源消耗與人口成長破壞了生態平衡，福利國家的財政危機，資本主義經濟成長的危機等而產生哈伯馬斯（J. Habermas）所形容的「生活世界的殖民化」（J. Habermas，1995：293）。

　　此時人人對於聖經又有不一樣的解讀，例如自由主義神學（Liberal Theology）認為聖經中所有超自然的記載，只不過是民間傳說，同時主張聖經要依據每一時代的文化背景來解釋（謝家樹，1994：110）。左派自由主義則將聖經人性化，強調耶穌的人性，

　　行動特徵，隱含於這些行動背後的思想及價值觀才是真正延續這些運動精神的本質，德國綠黨邦議員沙洛曼（Dieter Salomon）曾指出當時運動產生主要因素有五：經濟成長、資本主義、工業社會、代議民主，以及軍武。

❽　在資訊拜物教徒與資訊焦慮病患的科技化約環境下，政治社會可能是CWC（Cooperation With Competitors，與對手合作）；經濟思考可能需由知識經濟學的觀點切入，消費型經濟？投資型經濟？抑或是知識密集型的經濟；科技社會 C&C（Computer & Communication，電腦與傳播）尤其對工作與生活有至深至鉅的影響。

❾　此乃相較於戰前 Spengler, Sorokin, Toynbee 等學者的概念而言。

視耶穌為一位聖者，是一位好老師❿，並且將宗教當成倫理來說明（謝家樹，1994：111）。

　有人指責二十世紀的基督教只有十六世紀的宗教態度，基要主義已經過去，保守主義不合潮流，神學應該走在時代尖端，並向文化挑戰。對基督教神學的質疑，由康德（I. Kant）的《純粹理性批判》一書中已見，康德認為人對神及超自然的世界，不可能獲得任何理性的知識，所有真正的知識只能從官感而來，「神的存在，只是人良心的假設而已」（謝家樹，1994：153），也因此，尼采（F. Nietzsche）喊出「上帝已死」，對存在主義神學（Existential Theology）與神死神學（Theothanatological Theology）有相當程度的影響。

　丹麥祁克果（S. Kierkiegaard）認為人與神之間是無須相互攪和的，因為神是聖潔的、高高在上的、不可預知的；而人是有罪的、微不足道的。只有真實存在的人是自由人，不受任何規律的限制，真正的基督教不是群眾的宗教，乃是個人的、實存人的宗教。因此他說「生存就是單獨在神面前與自己同在」（謝家樹，1994：146）。胡塞爾（E. Husserl）認為：在人的經驗中有一個「超越的感覺」，此乃主觀的經驗，必有其對象，這些對象其一是「自我」，另外則是「神」（謝家樹，1994：146-147）。

　阿爾提哲（T. J. J. Altizer）提出「神死神學」，神死並不是指上帝的不再存在，而是指「神已經在基督裡死了，為的是要完全進入人類的歷史之中」（謝家樹，1994：153），法國的沙特主張「神

---

❿　聖經裡耶穌至少有 47 次被稱為老師，記載祂教導人者至少有 45 次。甚至反對祂的人也不能不承認祂教訓人時有與眾不同而特別的能力（可 1:22）。

的死亡就是人的解放，唯有不受神管制的人，才可以自由自在的去做自我決定⋯⋯也唯有在無神的社會裡，人才發現真正的人生價值和意義⋯⋯」（謝家樹，1994：153）。神死神學除了表現出西方人心靈的空虛和迷惘，同時也指出現代人的罪惡和反叛。現代社會經濟畸型發展、失業人口激增、核武擴張、吸毒、性濫交、種族歧視、離婚率增加、犯罪率增高、著重物質生活享受，無暇於心靈、精神培養，現實生活與神早已脫節，也因此有神死神學的異端論說產生。德國也有所謂世俗化神學（Secular Theology）的門派，D. Benhoeffer 牧師認為人生是現實的，不注重今世並不是神的旨義，「不要在人的苦難與死亡上談神；要在人的生命與繁榮上談神」（謝家樹，1994：142-143）。

　　「我愛花，卻不喜歡植物學」的態度普遍存在於我們之間，也因此許多人都像林語堂一樣「愛基督，信上帝，但不喜歡談神學」，神學（Theology）由希臘文而來，Theos 為「神」，Logos 為「道」，「知識」。因為神學是「研究神的道」，常常是很乏味的。儘管如此，仍有許多西方人試圖對神建構一份系統理論，使用的研究方法有哲學的、科學的、政治學的、社會學的，但皆不一定能回歸神學。本文前段提及康德、尼采、胡塞爾等哲人對基督教的見地，已然哲學式的建構為一種神學。近代西方神學研究，「以哲學代替神學，用人的話來代替神的話」為數甚多，其中田力克（P. Tillich）曾將哲學與神學相當縝密地構思並結合，其系統神學對今日有莫大之影響。田力克為存在主義神學家，他將人間事劃分為三階段（謝家樹，1994：147-150）：

　　1. 外治（Heteronomy）：以律法管理人，外治的管理是專制

制的，使人反叛。

2. 自治（Autonomy）：民主自由的，人為自己的主人，卻失去存在的意義。

3. 神治（Theonomy）：神將祂的律法置於人心中，使人成為新人，人終有「實存」的價值。

田力克指出：人為理性動物，必可明白上帝的啟示（Revelation），人亦有神「三位一體」的特質，但缺乏能力應付困難，因此需要聖靈的指引，田力克亦指出，在人的歷史中所形成的問題，終究於天國中得迎刃而解。田力克借「相互關連法」（Method of Correlation）將客觀的哲學與主觀的神學作了巧妙的結合，將聖經所談的「罪」與哲學的「存有」拉出距離，來解釋耶穌「復活」的不實性。❶

歷史學者常將耶穌視為猶太教的一位拉比（傳教士），政治學者則將耶穌形容為極具「王者之風」（Magnetism）特質的領導人，並具有建議術與蠱惑術能力的高政治性（楊東川，1997：25-26）。更有文學家將聖經歸為「神話」（Myth）或「傳奇」（Fiction）（楊東川，1997：28），另有心理學分析結果認定耶穌是「精神錯亂」（可三：21）、「鬼附身」（太十一：18）以及「易怒與非理性的恐懼」（約七：16-20）（楊東川，1997：28）。德國音樂家華格納（R. Wagner）在 Parsifal 劇中提到「耶穌曾在佛教寺院中面壁修行十八年」（楊東川，1997：28），更讓人們在海潮般、宿命式的華格納音樂聲中，對基督教又減少了一分神聖性。

---

❶ 田力克否定基督的位格，認為道成肉身為空話，復活不過是代表耶穌在祂門徒心中重新恢復了尊嚴地位，多數基督徒認為田氏論調為異端。

　　盧曼（N. Luhmann）對於今日西方的基督教有以下的形容：「如今，宗教既不能克服通貨膨脹，不能反對令人不滿的政治更替，不能化解戀愛的纏結，亦不能用來抵擋對自己理論的科學性反駁。宗教不能躍入其他功能系統，它只是一個自在的功能系統，而且只有在參與這一功能系統之時，才能保持宗教的特殊穩定性。」盧曼的宗教社會學並不以「合理化」或「世俗化」的概念來解釋基督教；而是以「分殊化」（Ausdifferenzierung）的概念闡釋「宗教與社會的分化」、「宗教系統自身的分化」與「宗教價值語義的分化」（劉小楓，1998：xix-xxiii ；Niklas Luhmann，1993：259-261）。

　　也許，宗教是創造性的，而非批評性的；是深刻的，而非膚淺的；神是神聖的，而非世俗的；信仰是不可控制的、具魔力的，不是方法的、不是可以估計的。但由於西方人素來有「征服」的性格，希臘時期是「征服自然」，羅馬時期是「征服世界」，中世紀是「征服靈界」，近代理性主義抬頭後則是「征服自己」⑫。在征服的過程中，基督教的異端與邪說也在每個階段時期與社會思潮相應而生，在律法主義中，只知摩西五經教義；在實存主義的神學中，不承認神是天長地久，只刻畫其乃曾經擁有，且有哲學高於神學之嫌；反動主義中，更見種族歧視的色彩。

　　宗教從未脫離本身的主觀性，信徒也從未脫離個人的主觀認

---

⑫　「征服自己」的過程雖在理性主義與個人主義等哲思興起後展開，但在心理分析學問世後，西方人對外界的「必然性」解釋也修正為「偶然性」，對於內在非理性的不可制約，除了消極性提出返樸的「相信直覺」，更積極性因應高科技對人的監視器化（monitorized），而強調有夢最美的「創造性」，凡此，亦可解釋為 IQ-EQ-AQ 的演進趨勢。

知。借神的名義（美其名：上帝的旨意）改造他人的心靈，將是難脫威權行為之嫌。邱吉爾發兵時高唱與主同在，希特勒出征前祈禱上帝保佑，這場戰爭打得上帝難分難解，宗教改革了誰的心靈？誰的宗教能改革心靈？也因此，由西方基督教與社會的互動發展得見：由於每個人的基督教不完全是另一個人的基督教，強藉自己認知的宗教觀去「改革」別人的心靈時，自己的心靈已開始醜陋了。

若再由社會化的觀點論，前述多元文化的認同命題上可以發現，單一宗教無法帶動所有人的心靈改革。今日台灣媽祖繞境滿街叩頭連連，同時卻暴力四起血流滿地，到底宗教洗滌人心，抑或人心血洗宗教？基督教的舊道德以整體而達個人，新道德乃是以個人而達整體（謝家樹，1994：151），自我的心靈洗滌似乎是服事上帝的好途徑；心靈改革本由自身起始，宗教有其輔助功能。以宗教為名，借教堂或心靈改革運動造就群眾心理學所謂的「偏差」（Bias），則失去了心靈改革的原始美意。宗教對心靈改革如是，對教育發展亦如是。

第二節　佛教教育目標

佛教始於西元前六世紀的印度，太子悉達多捨離王宮富貴，尋求人生解脫之道，多年後於菩提樹下大悟，成為正等正覺的「佛陀」，佛法亦由釋尊成道後開始流傳至今。❸「佛陀」原語 Buddha，是

---

❸　彼時印度有一王朝名為迦昆羅衛國，其太子悉達多在二十九歲那年，捨離王宮富裕生活，去尋求人生的解脫之道。歷經六年的苦行修行，日食一麻一麥，雖至形體枯瘦，身心枯竭，而始終未能成道，乃悟出苦行非得道之

「覺悟者」、「覺醒者」、「覺者」的意思（釋達和、陳淑慧譯，1992 轉引釋見潤，1998：17）。佛陀在成道覺悟後的四十五年間，懷著一顆救濟大眾的悲心，隨處教化及渡眾，將佛法帶入人間；佛法的宣揚並未因佛陀的涅槃而終止，反而在佛陀入滅的一百年後，佛教在印度發展成為十八種不同的部派，史學家稱為部派佛教時期。

佛教有名的七佛通偈如是說：「諸惡莫作，眾善奉行；自淨其意，是諸佛教」，最能表達佛法的真正涵義。佛法談「業」、「因果」等，即所謂：「欲知前世因，今生受者是；欲知來世果，今生作者是」。中國諺語有：「善有善報，惡有惡報；不是不報，時候未到。」這種說法，明顯是受到佛教的影響。經過時間的流轉，各部派的說法不斷演變，佛教逐漸趨成兩大派別：南傳佛教及北傳佛教。南傳佛教大致傳揚於錫蘭、緬甸、泰國、寮國、柬普寨等地；北傳佛教則傳揚中國、西藏、韓國、日本等❹。佛教流傳至今已開展出不同的宗派，但其基本教義如：三法印、四聖諦、十二因緣等，

因，遂放棄苦行，離開苦行林，走至尼連禪河淋浴，並接受牧羊女乳糜之供養。待體力恢復後，步行至迦耶山，於一棵茂盛的菩提樹下，以吉祥草敷金剛座東向跏趺而坐，端身正念，靜心默照思維解脫之道。四十九天後，於十二月八日破曉時分，豁然大悟，悉達多太子覺悟了人類最高境界「涅槃」，成為正等正覺的「佛陀」（覺悟的聖人），佛法亦由釋尊成道後開始流傳至今。西方佛教學者則對釋尊稱為佛陀的較多。

❹ 佛法第一次向印度以外弘揚始於西元前二七二年至二三二年阿育王的孔雀王朝，阿育王派了一對子女南下至錫蘭並宣揚佛法大義；在中國的佛教唐朝時期（西元六〇二年至六六四年），玄奘自中國通過戈壁大沙漠西行至印度求法取經，歷經十七年之久，他帶回大量的經典寶藏，並畢生致力於佛經的翻譯工作。在西王一三〇〇年前後，由於戰爭及種種因素，佛法於印度銷聲匿跡，卻在亞洲各地普遍的弘揚開來。

為各宗派共同堅信的根本教理。

　　佛教雖談苦，但並非一味的強調悲觀主義。佛教所說的「苦」是來自個人本身的貪、嗔、痴，即所謂的三毒；佛陀對於這三毒開示了對治的方法──八正道：正見、正思維、正語、正業、正命、正精進、正念、正定。正見、正思維是培養正確的見解；戒律的守持則以正語、正業、正命來過合理正當的經濟生活；正精進、正念、正定則可深入禪定，啟發智慧。佛陀的教化遠源流長、綿延至今兩千五百多年，對人類生活信仰產生重大的影響，佛法整個弘傳流布的過程，其實也就是一種教育的歷程。

　　源遠流長的佛教教化過程，經由歷代佛教徒及佛教學者的結集、論著，累積了浩瀚豐沛的三藏典籍，成為人類文化智慧的資產；其中，有關將佛教（Buddhism）教義與教育（Education）學理作一聯結，闡明佛教教育（Buddhist Education）意涵者，則始於近代。

　　教育心理學家 Bloom 將教育目標分為三大領域（張春興，1989引自龔蕙瑛，：30-31）：1. 認知領域（cognitive domain）：知識、理解、應用、分析、綜合、評鑑；2. 情感領域（affective domain）：接納、反應、價值、組織、品格形成；3. 技能領域（psychomotor domain）：知覺、準備狀況、引導反應、習慣化、精確作業、適應、創造。孫邦正（1983）亦將教學目標區分為；增進知識和啟發思想、培育理想和感情、培養習慣和技能三方面，與 Bloom 的分類大致相同。

　　由於國民所信奉的宗教有別，因此宗教教育的目標不盡相同。佛教教育的目標，可以先以各宗教的教育總目標為參照點來增進認識。房志榮等（1988：188-196）認為，訂定各宗教總目標的方式有：

(1) 懺悔的（confessional）方式：宗教教育之最終目標在於引領學生成為宗教信徒。

(2) 授予事實的方式：對所有宗教抱持完全中立的觀點，絲毫不指望學生成為任一宗教教徒，而只授予學生宗教背景知識。（3）體會宗教的（experiential）方式：雖以授予學生宗教知識為起步，卻不以此自足，進而輔助學生體會別人的宗教信仰，陶冶其包容力。

(3) 至於宗教教學的目標，房志榮等認為應著眼於教育目標常見之領域：認知、情意、技能中的認知與情意方面。亦即應發展學生的宗教知識和宗教態度。.

以佛教教育而言，釋善珠（1986）認為：佛教教育的目標是實現涅槃，能息滅貪嗔痴，沒有剝削、戰爭與欺騙的和平世界。

釋宏一（1986）認為：佛教乃覺性教育之基本原理，教人由自己心中覺悟，所謂「自覺」，乃自我智覺，了悟人生之意義和人與人之間的問題，人與物之不滯不食。佛陀之覺性教育，是以解除貪、嗔、痴三毒為自性修攝之功行。

陳仁眷（1986）認為：佛陀教化的基本原理，以人為出發點。佛教一切經論皆為教人自覺覺他，故覺性教化為佛教之主要目的。提倡佛教文化思想，在使人心淨化、樸實，進而帶動社會安寧。

Gard（1981：96-97）應聘華梵佛學研究所講授「現代佛教教育」時，則以現代性的眼光，認為佛教教育應包含四個目標：

(1) 一切眾生皆成佛道，先覺悟而後達涅槃。

(2) 認識、探究和擴展佛法。

(3) 保存和引領僧伽，同時協助弘法居士懂得如何支持僧伽

更將佛法運用於解決社會生活問題。

(4) 將前三個目標的成果，全部運用於為社會群眾服務，解決人一生的痛苦，開示正確的思想和行走的道路，安定社會秩序，發揮無量的慈悲。

由此可知，佛教教育目標的訂定，應隨時代之不同而有更開放、包容之態度，不應僅採本位主義將目標放在引領學員成為教徒的唯一目標上，且教育目標不僅即為該教教義之終極目標，且應善盡社會人群一份子的責任。顯然地，現代佛教教育的目標已朝此一方向努力進行。

第三節　佛教學者的佛教教育觀

本節主要參考釋見潤〈佛教成人教育的意涵〉中近代佛教學者之佛教教育觀點。

(一) 太虛法師（1889-1947）

太虛法師是近代中國佛教革新運動的主要倡導者，其提倡的「人生佛教」思想影響現代佛教甚鉅，繼其「人生佛教」思想而開展者，如「人間佛教」、「生活佛教」、「建立人間淨土」等，成為現代佛教的重要共識。

太虛法師對於佛教教育的觀點主要發表於〈釋迦牟尼的教育〉一文，此外，〈太虛全書〉中有部分篇章附帶提及，茲整理分述如下（太虛全書，1980）

1. 就教育的對象而言：涵括出家與在家兩種對象。出家者，是特殊，是少數；在家者，是普遍而廣攝多數，且普及於

全宇宙一切的眾生。

2. 就教育的內容而言：出家的學習，有一定的律制，修持戒、定、慧、三學，成為有紀律的團體生活，如現在的寺院型式。戒學，是道德養成的教育；定學是調身、調息、調心，使身心得到健康的教育；慧學是經由聞、思、修的學習，增長知識、智慧的教育。戒、定、慧、三學與德育、體育、智育相通。在家的學習，修學基本的三皈五戒：皈依三寶，以佛為師，以法為學，以僧為友，成為佛教徒的一份子；隨分受持不殺生、不偷盜、不邪淫、不妄言、不飲酒等五種止惡行善的德行，並將所受於佛教教育的內涵，踐行於個人、家庭、職業、社會等層面，隨分隨力促成整體社會的向上向善。

3. 就教育的施設原理而言：佛教教育的施設原理有二，即「主旨的貫徹」與「現實的適應」。所謂「主旨的貫徹」意為，任何人接受佛教教育目的在於與佛陀一樣獲得及達到宇宙人生圓滿的真諦。現實的適應，像指因應各個人的情況，合宜地施設各種教育。

4. 就教育的方法而言：實施方法即所謂的「四悉檀」。「悉檀」，是成就的意思；「四悉檀」，意為以四種方法成就學習者的修學。其四種方法為：

(1) 世界悉檀：指運用巧辯妙慧，為一切受教者作種種有趣地、極淺顯地譬喻，來表達全部或一部分的主旨。

(2) 各各為人悉檀：依個人天賦及特質，施設一個一個人的教育。

(3) 對治悉檀：觀察受教者的缺點何在，以指訓或勸責等種種的方法，幫助受教者調改缺點，垮養完善的人格；即「眾生有種種病，如來施種種藥」之意。

(4) 第一義悉檀：針對特出優秀的分子，直接教導傳授佛教最高覺悟的真理。

(二) 印順法師（1906-2005）

印順法師（1976）以佛法的立場說明佛教是一種教育，佛教不只是信仰，更要修學，信佛也稱為「學佛」。並提出：

1. 佛教是「覺」的教育：就佛教的意義而言，佛的教育，不外本著自己圓滿的覺悟內容，適應眾生的根機，來教育大家，引導大家來修學，同登正覺成佛的地步。所以佛教是先覺覺後覺的「覺」的教育。學佛，是向佛學習，成佛就是人格的究竟完成。佛教是最圓滿的完人教育。

2. 佛教教育的內容是三學、五明：佛教教育最主要的內容是：「戒學」、「定學」、「慧學」三學。戒學是一般的德行，重在止惡防非；定學是專心一境，使內心安定純淨，慧學是廓清我見、妄執，斷除煩惱的智慧。從廣義來說，「世間一切微妙善語，皆是佛說」，可說一切良善的知識，德、性，技能，都總攝於佛的教育範圍內。是故「菩薩求法，應於五明處求。」五明，就是大乘佛弟子應該修學的五類學術：

(1) 聲明：語言文字學，包括語言、訓詁、文法、音韻（也通於音樂）等。

(2) 因明：因是原因，理由，這是依已知而求未知，察事辨

理的學問。在語言方面，是辯論術；在思想方面，是理則學。

(3) 醫方明：醫、藥、生理、優生等學問。

(4) 工巧明：基於數學，所有物理科學，以及實用的工作技巧。

內明是以四類為共（外）世間的；佛的教育，是在這共世間學的四明上，進修不共的佛學，故稱為內明。

1. 與眾生是師生的關係：佛被稱為「天人師」，「導師」；而信佛學佛的，自稱為「佛弟子」。弟子中，有小學的「聲聞弟子」，大學的「菩薩弟子」，依在家出家，男女等來分別，就有優婆塞等「七眾弟子」；佛與信眾，是老師與弟子的關緣。

2. 佛教教育以實踐為本：佛教教育，不是空虛的知識傳授，是以實踐為本，而實踐必以知為先要。應站穩這一立場，去求得世出世間的智慧。

(三) 水野弘元

日本學者水野弘元探討巴利藏等資料，從原始佛教的教義中抉擇出佛教教育的思想，指出（釋達和、陳淑慧譯，1990；吳本信一譯，1993）

1. 佛教是人格完成的教育：佛教是去除人們的苦惱、不安，獲得安身立命的信仰。它並不是斷除一時的、部分的煩惱，而是止息相續及整體的惑苦，以提升人格。人格的提升不只有精神層面提升，也要求色身的調和與健康。就佛教信仰而言，色身和精神所有層面的健康調和狀態，是人格完成的必要條件。教育的目的是朝向人格的完成，佛教是為

了完成人格而說的教育。

2. 教育的內容是四諦八正道：佛陀最初為五比丘說四諦八正道的教法，以引導他們證得阿羅漢。所謂四諦是：苦諦、集諦、滅諦、道諦。

(1) 苦諦：是正確地認識苦惱以及眾生所面臨的苦惱。

(2) 集諦：是正確地認識苦的原因和理由。

(3) 滅諦：是減去苦惱之後的正常狀態。

(4) 道諦：是要使有苦惱而無益的心，轉向無苦惱而有益的理想境界的方法──八正道。

佛教的八正道，是從八方面著手訓練，以造就健全人格，並非只是除去一時的苦，而是在任何情況之下，都不會衍生煩惱。八正道是：

(1) 正見：正確的見解，正確的世界觀、人生觀；正確地認識善惡及善業之果報與三世因果。

(2) 正思惟：正確的想法，正確意志的抉擇；心依正見轉向正確的方向，遠離貪、瞋、癡等煩惱。

(3) 正語：正確的言語上的行為；遠離虛偽、惡言、挑撥離間及無意義、不切實際等言語。

(4) 正業：正確的身體行為；遠離殺生、偷盜、邪淫的行為。

(5) 正命：正確的生活方法；從事正當的職業得到生活物資。

(6) 正精進：正確的毅力、勇氣與努力。

(7) 正念：正確的意識、憶念；對於身心環境，觀察了知是不淨、無常、苦、無我。

(8) 正定：正確的精神集中與心靈的平靜。進而達到無念無
　　想的禪定狀態。

此外，佛教的教育能夠提昇民眾的心靈，是情操的教育，當然
也包括廣義的教育。

1. 教育的方法是契機施教：佛陀認為世人雖有淺深遲速的理
　　解力，但是只要有說法的方法皆可使其瞭解才是。為使所
　　有的民眾能理解佛陀所說的教法，佛陀使用各地方民眾的
　　平易日常用語說法；佛陀的教育方法，是因應受教者的智
　　慧、根機、性格等而定，亦即所謂的「應病與藥」。佛陀
　　教化指導眾人的教育方法，在阿含經或律藏，大約說來有
　　兩類：一乘道是指由初步時至最高位止，於所有次第，只
　　教示、實踐唯一的修行道。次第說法，是依對方信仰或智
　　慧的進展，教以每階段不同的學習和修行方法。

2. 教育的形式以對談為主：傳述佛陀的實際說法是於阿含經，
　　佛陀的說法對象是以一人、或二、三人之少數者的場合為
　　多。佛陀的說法是採取對談的形式，以應在場的對方，進
　　行隨機的說法；佛陀向幾千萬大眾講演的說法，是大乘經
　　典才出現的形式。

3. 教育理念是眾生平等：佛教認為所有的人皆具備實現理想
　　能力的佛性，所以對任何人應該平等的說法。佛陀時代的
　　印度婆羅門教，設立差別階級，對於最下階級的奴隸或賤
　　民不列為教化對象；佛陀不認同階級差別的劃定，對於任
　　何階級、家系、地位、職業的人，皆給予平等的教化，希
　　望整體社會成為和平幸福的理想國土。

4. 教育的理論基礎是緣起論：水野弘元提出，「緣起論」是
   佛教理論與實踐的基本論點，以此奠定了佛教正確世界觀
   與人生觀的基礎。佛陀所說的緣起論，是當時印度思想界
   最獨特，與其他的哲學、宗教最大不同的特徵，也是佛教
   所以能夠突破地域觀念，超越國界，而普及全世界的主要
   原因之一。

緣起的道理，不論如來出世與不出世，都是永遠存在的，佛陀
只不過是將原來的道理發現之後，開示眾生而已。水野弘元對於緣
起的道理，作了以下的詮釋：

釋尊認為世間上的每一個人，都不是單獨存在的，本身固然是
從過去到現在，乃至從現在到未來的命運，彼此都有密切的關連；
甚至於與周圍的人們以及所處的社會，乃至自然環境都有密切的關
係。所以，個人的幸福，決非僅僅求得個人改善就可得到，或引以
自滿，必須還要同時改變周遭的社會環境。這就是佛教的緣起觀。
在確立緣起的世界觀與人生觀之後，實施教化眾生救助世界的活動
亦隨之而來。

水野弘元也指出佛教至今仍具有經得起一切理論批判的合理
性，其合理性不單是為真理而言真理，而是作為信仰實踐之基礎的
合理性理論。因此，佛教並不是出自狂熱的信仰，而是具備了合理
性與倫理性的信仰與實踐。

(四) 曉雲法師

曉雲法師（1987）認為佛教教育是「覺之教育」，佛陀教化的
基本原理以「人」為出發點，佛教一切經論皆為教人自覺覺他。佛
教的根本教義與修持之法要是「四諦」與「三法印」；最主要之論

理是「緣起論」；佛陀的教化原則即所謂觀機逗教。佛教義理之學，深化了一般知識，使人生之意義與境界，思想的領域昇華與充實，淨化與安穩。

(五) 安京植

安京植（1991）從研究大乘佛教的觀點提出，「從教育的目的的方面來看，佛教教育重視人內心的覺醒及自我解脫。」到了大乘佛教這一支，不但在於自悟自度、個人解脫，進而在於自覺覺他、普度眾生的「完全教育」。佛教教化眾生的兩個前提是：一切眾生悉有佛性以及眾生根機有所差別；前者是教化方法的出發點，後者是決定教化方法的因素。

(六) 慈怡法師

慈怡法師（1992）認為佛教教育之究極目的，乃在以佛法蘊育人格，人格完成，即所謂「成佛」。佛教教育的根本原理是「涅槃」及「緣起論」。佛陀以自悟之理示現於人，令他人亦能獲得解脫，此即為佛教教育的最根本理念。佛教教育的內容涵蓋倫理、道德以及精神、心理教育等，以利益安樂一切眾生為標的。近程目標是人間淨土之實現，遠程目標則循「人間淨土」為階梯，層次而上，以達「究竟成佛」之遠程目標。

(七) 悟因法師

悟因法師（1992）提出，所謂佛教就是佛陀的教育，這教育的內容，不排斥科學知識與技能的傳授，它最重要的是人生命中佛性的開發，於每個人心中建立起自覺的價值觀與道德標準，在完成個人生命的當下，也成就他人。「緣起」思想即是教育方法，由於心本來是空性的，薰習什麼就呈現什麼，因此人是可以被塑造的，透

過環境的薰習及自我不斷地增益，久而久之，形成思想與行為，會塑造出自己的個性與風格。成佛也是如此，我們不斷地增益成佛的種子、因緣，最終就可以成佛。

(八) 昭慧法師

昭慧法師（1992）以佛法的立場提出對於成人教育的看法，認為：佛法之於成人教育，有其人格陶冶、文化訓練之個人意義與社會意義。成人教育的基本原理，都與佛法中「諸行無常」、「諸法無我」、「緣起——因果律」之根本原理相符相契；其「改進生活素質」或「達成自我實現」之預期功能，與佛法教化之預期功能，更是不謀而合。再者，成人已有的豐富生活經驗與社會經驗，可以取來印證佛法，而更可持佛法之根本精神，學習各個領域的知識與技能，來實踐「自利利他」的佛法，此即「人間佛教」之意義，亦即佛教辦理成人教育之理想。

就佛教團體辦理成人教育方面，昭慧法師提出「一切世間微妙善語」，凡可利濟群生者，無不可納入為學科內容；佛教所辦理的成人教育，允宜以佛法為主，並以佛法「自由、平等、民主、理性、慈悲」之精神貫於一切學習之中，俾助學習者剝脫傳統或世俗所制約之情見，培養出恢宏的世界觀。

恆清法師（1993）提出，佛教認為教育的理想目標無非是希望達到聖化人格的解脫境域，即所謂「人成即佛成」。而人格（或佛格）完成的形而上基礎，乃人性中本具佛性。佛性是眾生最大向善的潛能，因此佛教教育的目標就開顯此人人皆備的佛性，藉以破執見，去除無明，最後達到轉迷成悟的理想。

(九) 慧遠

1.佛教教育的本質（李軍，1994：362）：慧遠所說：「至極以不變為性，得性以體極為宗」，這一段話可說明慧遠對人的本質與佛教教育本質的看法。探究佛教教育本質前，必先瞭解佛教教育者對於人性本質的看法。「至極以不變為性」，強調不變的重要，說的是佛性的本質特徵，在於泯除流動的痛苦。「至極」是涅槃的意思，他的體性就是不變。但人是有感情的動物，對於世間萬物有其感受能力，情欲即是由此而生。情欲愈深，招致的痛苦就愈多的，情慾不斷產生，乃至於受苦不盡。但慧遠認為情慾並非人生無盡苦難的最終本源，人的意識才是形成痛苦的終極原因。慧遠認為人是因意識而產生各種煩惱、情慾和痛苦的靈物，是苦難深重、無窮無盡的。但可發現，人性的本質與「至極以不變為性」是相互抵觸的。「至極以不變為性」這一段話，為慧遠的佛教教育本質提供了理論前提（assumption）。「得性以體極為宗」這段話可說明慧遠對於佛教教育本質的看法。慧遠認為反本求體，就不會因為生命損害其精神；超脫世俗的束縛，才不至受情欲的牽累而損害其生命。如果能夠做到這兩點，就可以拋棄生命，使其精神處於冥冥的狀態。這樣，就可以達到佛教最高的涅槃境界。

2. 佛教教育的目標（李軍，1994：368-371）：慧遠將往生彌陀淨土作為佛教較育的最高理想境界，且作為解脫生死痛苦的最終歸宿，慧遠根據此一理想，提出其佛教教育的主張。所謂淨土，係與眾生居住的世間將對稱。因為，他被構想成清淨安隱、微妙快樂，故被稱為淨土。在這片西方

極樂世界裡，一切人生苦難驟然消逝，成佛者均可得到在
人間可企望而不可得到的無比幸福。同時，人間一切的醜、
惡都被美、善所替代。這對下至百姓、上至王侯的芸芸眾
生而言，都具有不可言喻、不可比擬的巨大誘惑力，所以
慧遠將往生彌陀淨土作為理想的教育目標。

3. 佛教教育的價值性：佛教徒可分為在家眾與出家眾。對於
在家僧徒而言，佛教教育的作用相當明顯，在家徒眾其生
活習慣、言行觀念與社會大眾大抵相同，所以佛教教育的
重要性就在於因勢利導，使在家徒眾明白「愛」──慈悲、
「敬」──恭敬等佛教意涵，從中領悟佛法，自渡渡人。對
於出家眾而言，佛教教育的價值不可低估，透過接受佛教
教育、轉變世俗觀念的過程，達到「志」、「道」的境地。
唯有如此，才能真正於滾滾紅塵中，拯救世俗的生靈，徹
底根除深重的孽障，逐步通向成佛的道路。

4. 就教學方法而言：慧遠提出佛教教育方法為念佛三昧、禪
智並重、循序漸進。

(1) 念佛三昧。它是佛教禪定十念之一，是指通過精神高度
專一的集中，口念或是觀想特定對象，而獲得佛教悟解
和功德的修道方法。三昧是指專一靜思、寂滅意想。靜
思專一就會專一不二；寂滅意想，就會氣虛神朗。氣虛，
氣虛能讓智慧恰到好處的反照；神朗，能讓所有隱藏的
罪惡清除。這是相輔相成、殊途同歸的。慧遠強調只要
憑藉修練以凝聚精神，堅持不懈地學習累積，以改變其
生來的本性，就能感應萬物、通達佛境。慧遠認為念佛

三昧是實現往生彌陀淨土的基本教育方法與修持途徑。

(2) 禪智並重。重視佛教智慧的培養，是慧遠佛教教育思想中的重要內容，禪智並重則是慧遠佛教教育的重要方法。慧遠指出，禪智是修持三業（身、口、意）的根本途徑與方法。雖然眾生的客觀條件差異相當大，但是成佛修行方法卻有共同之處。按照禪智並重的方法去做，就不會走錯通往極樂淨土的道路，也不會浪費修道成佛的種種努力。禪能開智，智能助禪，兩者並重，不可偏廢。

(3) 循序漸進。為了讓眾生能夠領悟佛教教義的根本意旨，就應當採循序漸進的教導方法。如開始宣教時，首先要講清楚二道（方便道與勝進道），傳授修持不淨觀和數息觀（甘露門——達到涅槃的門戶），詳釋四義（退、住、升進和決定），從而使之在迷途終歸依佛道。同時，要分別五陰、十八界以禪智為引導，徹底分析十二緣起的蘊義，正確辨識優劣，然後在超越其出發點，抵達極致的終點。慧遠非常明確的指出佛教教義能源流清晰地傳播於大眾，就必須遵照循序漸進的教育方法。

(十) 南俊男

南俊男在探究佛陀的教育理念時提到：「佛教雖是宗教，但與其他宗教是有所不同的，他不只是要人信仰它，更要進一步去修學，所以信佛也稱為學佛。佛教是著重修學的，所以佛教也是一種教育。那麼佛教教的是什麼呢？最主要的是戒學、定學、慧學，佛教的三學可說是一般所說的道德教育、心性教育和知識教育」（南俊男）。

1. 道德教育：道德，不只是傍法所有的世界的各宗教、各民

　　族、各時代，都有他的道德，不過佛教的道德觀，在一般
　　共通的基礎上，更有他獨到的特質而已。

　　道德教育，可以說是做人處事的態度和實踐的方法，而佛教的
觀點，道德教育「已生惡，令除斷。未生惡，令不生。未生善，令
生起。已生善，令增長。」的處事態度和實踐的能力，這種方法對
佛教教育而言，只是消極的方法而已，積極的道德教育，菩薩修行
者，積極的利他，通過緣起、般若、中道的體認與踐履，步步朝向
佛陀悲智圓融的境地。所以佛教的道德教育分類，可分為：消極的
道德教育和積極的道德教育兩種。

　　(1) 消極的道德教育

　　　　戒律的真諦在使人們獲得真正的自由、健康和幸福，或
　　　者說入定、解脫前身心調整的功能。也只有在這種情形
　　　下戒律才有意義。宇宙的現象中發現物理世界中有因果
　　　法則存在，不但物理世界，抽象的非物理世界中也有因
　　　果法則。

　　　　因果法則對於任何一個人都是平等的。有許多因果關係，
　　　一般人的感官和思惟所不能察覺，人們無知或不小心地
　　　種下了某種惡因，便可能會產生某種不良的結果。所以
　　　佛陀才立了許多戒律來防止弟子、眾生在身、口、意三
　　　業上種下惡因。並幫助弟子在身、口、意上修習各種善
　　　業。因此，佛教設立了不同的戒律來適應眾生的需要，
　　　譬如有在家人守的五戒、十戒、菩薩戒和出家人守的沙
　　　彌戒與比丘、比丘尼戒等，這種戒律可以說是消極的道
　　　德教育，因為這種的戒大部分來自外在環境，並且是一

種預防的作用。真正的道德教育最高目標是自由自在的，不需要任何的戒律。

(2) 積極的道德教育

佛法能完成究竟圓滿的德行，他的特質何在？佛化道德的特質在智慧（般若），為什麼說佛化的道德在般若？這可從不道德說起，不道德的惡行，從什麼而發生？是由於煩惱而產生，而一般人的一切動作，都從我見而流出，一般人為著自身利益，遵行道德的生活，看來是潔身自好，為大眾服務，為社會國家謀利益，其實還是為自己的，離不了我見的力量。所以一般的善行，並無徹底的善行，但不完善的德行，到底比作惡好得多。凡夫的善行如此，但聖者德行，卻與此不同。佛化的道德，建立於般若：無我智的般若，是破除私我，從這種智慧所攝持、所引導的，便與凡夫的德行截然不同。在佛法中稱為緣法界眾生而發心，不但求自己得益，使大家都使得到利益。

菩薩悟入世間是相依相關的，法法平等不二，才能見眾生樂如己樂；見眾生苦而如觀受苦一樣。這種情境，即是學佛的目標。

2. 心性教育

現代社會生活裡，有多少人能領悟到佛教裡的禪定，是如何增益人生，使社會向上與昇華。尤其現代是科技與知識至上，追求物質的奢侈和競相爭逐名利，造成欲望橫流的世態。雖有豪華的生活，但心靈充滿落寞、無奈與空虛。所以，感到培養覺性教育，學習自我訓練，安頓心身之要求，真的是現今物欲橫決，人欲橫流之慈航，

須賴佛法遍灑人寰如清潔劑甘露水，清除污染而獲人心之明淨。

但問題是眾生的根器不同，因而修習覺性教育也有深淺之區別，並且，能夠使現代人斷除所有苦惱而獲得圓滿智慧的覺性教育的方式也不多，而許多種定均各有所偏，只能斷除局部的煩惱，獲得有漏智慧。

現在對禪定應用在教育上的價值和功能略述於下：

首先看陳柏達的《佛陀教育思想的本質》一書裡所說的：禪定可以在智育、美育、德育、體育、群育、情意等各方面都應用到，例如：

> (1) 智商方面：禪定是向內反觀自性的，惟有透過反觀自性的功夫，才能明心見性，把佛位顯現出來，而證得一切無漏和究竟的妙智。
>
> (2) 美育方面：禪定可以使我們離開傳統習俗的束縛，使我較能真正地為自己而活，生活得更自由自在，能站在社會刻板的模式之外，看清楚自己和自然界的真面目，過著富有情趣和藝術的生活。

除了以上所述的以外，德育上禪定，可以消除惡業種善因；體育上的禪定，可以使我們調整身心，保持最佳的平衡狀態；在情意上，禪定可以消除一個人的食欲和妄想，因此生活上安詳而優美。禪定可以說是我們生活各部分都應用得到的。

另外，禪定在輔導和道德認知方面也可以應用到。在輔導上常應用的價值澄清法，它的理論認為經由價值形成的過程，個人就能更清楚的界定一個價值，而價值形成共有七個標準過程，其中第三個是：「對各種不同途徑的結果都加以深思熟慮後才做選擇」，這

個深思熟慮、衡量比較，就是一個人的「定靜安慮」的功夫，然後才能「得」，使自己做出最有價值的抉擇與行動。

　　道德認知方面，道德認知發展是「自我發現的過程，而不是外鑠的結果」，而靜坐有功夫的人，容易收攝身心為自己所控制，更能較容易反觀自照，明白分析自我內心的衝突、失衡而調適、平衡，然後使自我的道德認知更加的提昇。

　　另外，在《淨心靜思》這本小手冊裡說到靜坐的功能，可以使我們淨化人心、改善體質、抒解壓力、圓融人際關係；也可以幫助解助青少年切身問題、青年期的困擾、自我概念上的問題、角色的疑問或矛盾的心結、情緒不容易安定下來以致上課時無法專心等等。這種種現象，若能靜坐，則可以協助治療，幫助他們情緒的安定、思考力增加、意志力堅定和忍耐力增強。

　　3. 知識教育

　　知識教育的「知」，是一種理智的能力。佛教的知可分類為世間的與出世間的兩方面來說，世間的知，也就是佛經上所謂的「世間正見」，世間正見的人，知道有三世，有善惡、有因果、有聖者凡夫等，所以世間正見的分別善惡和深信因果，然後持守戒律，修十善，乃至六波羅蜜行。

　　佛教的出世間知，了解四聖諦、深觀緣起法性，破除我見，得到無上正等正覺。

　　一般我們所說的教育大部分是指知識教育，知識教育，從佛教的觀點來看，有優點也有缺點。優點：1.知識以分別織成利生事，2.知識以分別識成深信解，3.知識以分別識成無別智，怎麼說呢？因為知識教育，使世界上依食、住、文他、歷史、科學等的發達而

有長遠的進步。知識教育的缺點：1.知誠的片面性，2.知識的相對性，3.知識的名義性，4.知識的錯亂性。如果以上的幾項缺點能夠修正、改進的話，這就是智慧。

佛教重無分別的智證，但也重視知識，佛法認為，知識雖不能表詮真理，但它有引向真理的作用。佛教強調的是開智慧，智慧是超越知識的障礙，但一定須要過去知識的領域，譬如，有人想要去山上，向那裡去？我們就告訴他，怎麼去比較快、省時間；故分別識而為無分別智的方便，是佛法確認的道理，並在證入以前，有信、僻、行。

南俊男（1994）研究分析佛陀的教化觀念為：平等、慈悲、倫理、道德，合理且實用。佛教教育的目的是個人之人格完成和佛國土之建立。教育的內容包括經、律、論三藏，即了解諸現象、實體，去實踐之諸方法。教育方法則有多種。有的以言語教化或威儀教化，有的說譬喻法、問答法、轉意法或對機說法，也有人以講演法、觀察法或是啟發法等，這些方法是佛陀以他的智慧和慈悲來廣度眾生的各種方便而已。

已看過許多佛教學者對於佛教教育的觀點，筆者將佛教教育的意義及基本內涵予以歸納，列成下表：

佛教教育的對象	主要有出家眾、在家眾二種對象。出家眾，即指僧伽；在家眾，指在家學佛的佛弟子，有其為社會服務的職業；廣義地說，涵括一切的眾生。
佛教教育的原理	佛教教育的兩大原理是契理、契機。 契理，是契緣起之理，在緣起的正見上建立正確的世界觀與人生觀的基礎。 契機，是指因應眾生個別差異而施設種種教育的內容、方法等，導引其認識宇宙人生真義，提升生命層次，乃至成佛——人格的完成。

佛教教育的意義	佛教教育是「完成人格的教育」、「覺之教育」是以人為出圖發點的自覺覺他的教育,是覺悟生命苦惱的根源、止息惑苦、朝向人格完成的教育;人格的完成涵括色身與精神所有層面的健康調和狀態,人格的究竟完成即是成佛。
佛教教育的目的	佛教教育的目的是「我等與眾生,皆共成佛道」,亦即身心煩惱惑苦的止息、圓滿人格的實現,與人間淨土理想的完成。
佛教教育的內容	經、律、論三藏是佛教教育的內容,以緣起論為核心,修學實踐三學、三法印、四聖諦與八正道等根本教理;而除了佛法的修學之外,更廣義地來說,世間一切良善的知識,德行,技能等,也都是佛教教育的範圍。
佛教教育的方法	以學習者為主,依其智慧、根機、性格等,施設種種的方法及學習次第,幫助學習者修學;佛教中所謂的四悉檀、八萬四千方便法門即指因應眾生千差萬別的根性而觀機逗教的教育方法。此種教學方法就同孔子所說的「因材施教 」。
佛教教育的師生關係	佛教教育中,師生的關像是以先覺覺後覺,在緣起論的基礎上開展出平等、慈悲、智慧的修學與實踐,共同邁向人格完成與人間淨土的實現。即師生關係是平等、對等的關係,老師只是較學生早聞道、得道啟發的時間先後而已。
佛教教育的理念	整體而言,佛教教育的根本理念是「眾生平等」。緣起的世間,眾生雖有性別、年齡、職業、地位、資質 、根機等千差萬別,其實現理想能力的佛性卻是平等不二的。

（資料來源：筆者自行整理）

　　佛教的教義博大而精深,佛法是實相、是真諦、是圓融無礙、是世出世法、內容包羅萬象、含攝一切。佛教的推理方法縝密而嚴謹,實踐步驟按步就班、循序漸進;佛教的精神隋悲含攝,施及萬類;而此偉大而科學的佛教在中國文化的土地上生根發展並和儒家

的學說相結合，彼此相輔相成，互攝豈映。中國文化以儒為代表，而儒家的中心人物即是孔子。而孔子所說的「仁」，并沒有超出佛教的「慈悲」之外，佛教慈悲的對象，不僅止於同類的人，而是廣及一切有情眾生。我們可以這麼說：中國文化是以佛教文化與儒家文化為兩大主流，由於佛儒學說思想的融會貫通，中國文化才能如同江河萬里，源遠流長。佛教思想影響中國人的人生觀和宇宙觀，佛教對中國社會教育的影響，試簡單概括成七點（陳娟珠，1984：155）：

一、建立信仰，鞏固人倫道德基礎。

二、勸善去惡之觀念，深植民心，以維護社會秩序。

三、「三世因果說」能培養逆來順受、樂觀進取的民族性。

四、三千大千世界的空間觀念，令人視野遼闊，胸襟豁遠。

五、佛學緣起論也觀念，使人在宇宙中深覺緣起互助，彼此親情。

六、嚴整縝密的思想體系（如因明、唯識學），指道思想推理的方法，影響中國學術、文化至深且鉅。

七、以出世精神輔成入世之事業。

可知佛教教育、藝術、文化、社會福利、道德指導和開拓智慧，給予人民帶來無窮的引導力和安定力。現今社會，人際關係疏離、金錢至上的觀念、道德淪喪、暴力充斥，社會有許多的問題，即需要藉助於佛教安定人心、淨化人心的功用，以淨化、提昇社會的風氣。

第二章　佛教教育的規劃與實施

第一節　佛教教育的課程規劃

　　佛教教育與一般的教育有相當大的不同，佛教教育主要的教育對象為出家人，出家人與世無爭，也不求文憑、證書，所以如果以一般的教育觀點來看佛教教育，以教育部所頒訂的課程標準來判定佛教教育的體系優劣，不論是對於提供佛教教育的團體，或主管教育事務的教育單位來說，都產生許多問題。由於不同的目的需求所致，佛教教育的課程也發展出與一般教育不同之處。

　　此部分將先對於課程作一定義，先明確定義課程，接下來談佛教教育課程規劃時，才不至有認知上的差異存在。

　　(一) 課程定義

　　在探討佛教教育的課程內容以前，需對課程先行討論。由字義來說，課，計也；程，式也；課程，定式授事也。也就是說，凡是一定的程式來授以學生事務經驗，而可以經驗稽核的，均可以稱做課程。

　　如果依照範圍的大小來定義，由廣義的課程來說，指個人由未成熟至成人的生活過程中，所必須循序經歷的活動過程，由食衣住

行的學習到齊家治國平天下的大道理皆屬之。狹義的範圍來看課
程，指學生在學校內循著一定的程序而進行的各種活動。筆者試著
將廣義與狹義的觀點融合，乃將課程定義為：課程，乃學生在學校
指導下，藉課內及課外活動而獲得各種經驗，以滿足個人的需求，
及促進社會福利。

依造學術的定義，課程可被定義：

1. 課程即科目：1820 年，課程一詞在美國首被採用，係指學
   習或訓練科目，或者是科目有關的大綱、教科書或其他教
   材，此為較傳統的課程定義。此種定義強調各科實質內容
   及各科之價值、分量、地位，對於教材的發展亦花費極多
   的心力。以課程為教材，使得我們不斷隨知識發展而更新
   學習內容，發展新教材，注意知識領域的結構和研究方法。
   唯如果將課程視為科目，則有知識與生活支離割裂，學習
   知識與生活智能分割的缺點；且有過於注重顯著課程、正
   式課程，忽略潛在課程的問題。

2. 課程即經驗：課程及經驗的定義是最廣義的定義，且較重
   視學習過程，而非學習的結果。課程等同於學生的學習經
   驗，是學生與周遭環境的人事物產生交互作用的過程與結
   果。強調學習環境中人事物的整體性，科目的內容只是課
   程的一部分。促使我們應注意學習環境的安排，注重學生
   的興趣和需要，並超越形式上學習的安排，注意實際發生
   的經驗。

3. 課程即目標：此一定義最具體，深受行為主義心理學的影
   響。此定義認為課程係指課程工作者的意圖，或其希望達

成的結果,所以課程被視為達成教育目標的手段。重視最後結果的分析,並以此結果作為教育的引導,進而判定教育工作者的績效。促使我們注意目標的來源、分類、敘寫,並以目標引導教育活動、控制教育的績效。唯此一觀點過於強調行為目標,忽略了過程。

4. 課程即計劃:認為課程係指為教學而計劃的行動系統,教學則是此一系統的執行,所以課程適教學行動系統的藍圖,其中包含目標及內容活動的安排。且重視學習的系統規劃,課程是預期的、有組織的,而非隨意發生的,加強了課程工作者的責任,透過詳細有效的計劃,促進學生的學習。此一觀點,重視顯著課程,較忽略潛在課程。

綜合上述四個定義,乃將其定義為:課程是學生學習的科目及有關的設計,或者是一系列的學習目標,或者是學習計畫,但這些都是可預期的、事先訂定的,與學生的實際經驗可能不盡相同,然而實際的學習經驗也是課程。

(二) 課程發展的策略

根據 Skilbeck(1976,轉引自黃明月,1996:326-327)分析,課程發展有三種基本策略:

1. 理性演繹式(rational interactive):係指中央控制的課程系統,不論是政策指示、詳細綱要、學習資源、考試制度等,均由中央透過層級組織加以約束。學習機構在課程上的任務,在於瞭解中央的指示和規定,以符合控制者的要求;教學者的任務是奉命行事,其於課程發展上之角色,相當有限。

2. 理性互動式（rational interactive）：係指課程決定由許多參
   與教育工作的參與者共享。中央教育行政機關只提供政策
   指示、課程大綱和建議的學習資源。在此模式中，教學者
   的角色較為複雜，他必須協助設計教學綱要、選擇學習材
   料、規劃學習活動、評鑑學習結果。亦即，他需具課程發
   展、自我批判和團結合作的能力。

3. 直覺式（intuitive）：係強調教學者的立即判斷和師生的自
   發歸納過程及創造力。其課程發展以個別教學情境為決策
   中心，不預定特殊的目標，反對手段目的式的思考。特殊
   目標是在學習經驗發生時才出現，而學習者在教學情境中
   的整個學習經驗，便構成了課程。

Skilbeck 認為這三種策略都有其功能，且不能截然劃分。理性
演繹式強調社會統整，理性互動式強調民主決策，而直覺式則強調
創造與自發，三者可以同時並存予以權宜變通使用。

此外，Short（1983）提出從三個層面來觀察課程發展人員、課
程適用對象以及課程使用彈性。在課程發展人員部分，則可分為特
殊的對象（如小區域性）和一般的對象（大範圍）；而在課程使用
彈性部分，則分為可自由使用和需照指示使用二類。如果把二分的
三層面組織起來，就有八種發展策略可供選擇。

由以上的分析，課程發展策略是多元的，基本上須因人、時、
地等之不同而有不同的發展策略。如果從終生學習的觀點，究竟什
麼策略最為合適，恐怕是課程設計者相當大的挑戰。

成一法師（1984：135-136）認為佛教教育的課程，應重視「實
學」、「實用」、「實證」三者。

（一）實學

所謂「實學」，就是培養具有高深學問之僧才，不但要求精於佛學，具有一家、一論、一經之長：就是比較宗教學，宗教哲學……諸方面，也必須有所瞭解。因此，在佛學院及研究所中，即應開列以上課程。其次，在語文方面，除英文而外，其他為梵文、藏文、日文及巴利文，至少亦得任選一課。英文是國際語文；其餘四者則是研究佛學必備之工具語文，故亦不可不加涉獵。

雖然，能成為高水準之佛學者，只是極少數，但這些極少數的高級僧才，都是大多數中的「出類拔萃」人物。必須在教學方面，使這極少數要「出其類」才能「拔其萃」。所以佛學院之課程，必須具有涵蓋性。

（二）實用

實用，是指培養寺廟行政專才而言。現代一般行政部門，都已走向企業管理，作業趨向電腦化。今後一般家廟式的寺院，將會逐漸式微，佛教寺廟不能不順應時代潮流。因此，作為一個管理寺廟甚或教會的出家人，本身不能不具備做為一個現代人所應具有的一般知識。所以在佛學院除了開列佛學、文學等課程外，於行政管理、企業管理、行政學、領導學、社會心理學、宗教心理學、心理衛生……等，均應有所傳習。為了使出家人學有專長，也為了可直接參與社會生產，將來佛教界可在各地寺院附設有關工廠、公司讓出家人直接參與工作。但為了不妨礙修行、宏法，可以採取輪班制，工作時間亦可相對減少。甚至也鼓勵年輕出家人到一般工廠去，一邊工作，一邊宏法，實際上是以宏法為目的，工作為手段。如能這樣，年輕人將不再視出家人為消極，而沒有出路，這樣做，更能符合太虛大

師「教制革命」實行「農禪」、「工禪」以裕僧團生活資源的目標，同時也可以為社會增加了就業機會，而減少青、少年之犯罪率。這些，都有待各地佛學院增列實用課程，有計劃的培植人才，方能發生效力，以遠到預質之目的。

總之，佛教目的在「嚴土熟生」，僧團所為，如能直接對社會產生良好之影響，那是佛教本身之發展。

(三) 實證

我們在這裡所說之「實證」，具有三種深義：一是指哲學的實證，二是指宗教的儀規修持，三是禪定的修證。所謂哲學的實證，就是將前面的「實學」應用於日常思想，行住坐臥四威儀中。一切都要依循佛陀「自覺、覺他、覺行圓滿」的要求而生活。所謂「宗教儀的修持」，實乃戒定慧三學精神之所在，佛教生活標準之所依處，佛教學院必須依此標準訂定課程，使諸學僧依行。此外法器運字，唱誦練習，乃至水陸法會，三壇大戒，各種法事儀式，悉依古規演練推行，務使莊嚴隆重，使世間婚喪喜慶之典禮，融溶於佛化之列。所謂「禪定修證」，那是佛教求解脫道之最高目的。其修行方法原無一定，大體言之：始目不淨數息等觀，遠於淨心、無念之境，初學者教以靜坐觀心，止息妄念為主，如其不能，則教以禮懺、念佛，均可開列課程，延聘修持得法之大德，示其方便，傳其心要。

成一法師是就僧伽教育的觀點來論述佛教教育，成一法師認為佛教教育課程重點在於培養優秀的佛教僧教育的工作者。

陳迺臣則兼就俗教育與僧教育的觀點，對於佛教教育的課程提出其見解。陳迺臣（1984：140）認為佛教教育在本質上就具有「開放」的性格，所以才能夠與時俱進，歷久彌新，而更加精進。所謂

的開放就是不故步自封，不斷的創新，又能固守原有本體精神之意。準以此為意，佛教教育課程努力的重點在於精研佛教經典，直接掌握宗教本義，於正確的瞭解中，獲得生命、宇宙之領悟，並衍其意義於現代人的生活中，解決現代人生活與生命的困境，透視個體存在的意義。

在精研佛教經典課程方面，似可有系統的整理教材，依初、中、高等三或四級，制訂每一級佛教弘法人員的養成階段中，必習及選習經典之最低要求。其中又可分為一般教材及專精教材兩方面，前者為人人必習，後者可依個人性向、興趣、了悟方向及抱負等，分為若干組，以便學習者選取一組或兩組專研，每一組又有必修及選修科目之分。至於科目內容，有待細研後，視不同學習者需求而定。不過基礎學科，如佛教經典、語文、講演等以外，似也應重視一些非有直接相關，卻可能有助益的科目，如邏輯學、心理學、哲學概論等，都可以納入佛教教育的課程中。

楊仁山為清末居士，對佛教教育的見解具有現代教育的精神，他認為佛教學堂宜分教內、教外兩種班別；外班以普通學科為主，兼學佛教，內班以學佛為主，兼學普通學科。同時給予在家、出家兩眾良好的佛學教育與世學教育，以振興佛教。並擬定一份「釋氏學堂內班課程」，涵括本國文理、史學、地理、算法、梵文、英文、日文等科目；其中外國語文佔了相當大的部分，可見其對於外文的重視。在佛學課程方面，前三年安排基礎經綸的學習，第四年起，則不計年限，依興趣專攻各宗經典。他認為佛教教育不單是純學術的研究，還要有相對應的修行功夫。他在「釋氏學堂內班課程」中提到：「專門學者，不論文義精通，直須觀行相應，斷惑證真。」

對僧伽教育與居士教育加以區分，並安排不同重點的課程，同時亦認為佛教教育應強調「解行雙修」（龔蕙瑛，32-34）。

佛教教育的課程，釋真彬（1986）認為戒、定、慧三學是三藏十二部經的核心，亦是佛法的之基本精神。因此課程內容，即以此精神所發展出來的有關淨化心靈、宗教、文化、精神生活之行為教育與覺性教育內容。

釋善珠（1986）認為，佛教教育的要點為：

(1) 人的本性：人類是具有覺悟能力的一種特別動物。因本性具有聰明的頭腦、意志、個別的努力，人有充分的能力與自由去發展他的潛在能力到最高程度，圓滿開悟的人—佛陀。

(2) 自然律：生命是一項因緣的產物，它是非實質的，同時也是區非永久的。人是受此自然律所支配的，因此他是可以教育的。此外，人的身意依智慧原則而行，他可以轉變成為一完人。

(3) 中道—應用止息痛苦的方法以實現佛教教育，包括道德教育（戒學）、心性教育（定學）、智識教育（慧學）。

(4) 涅槃的實現。

曉雲法師（1986）認為，今天的佛教不止講經說法，還有更多的活動與深度的研究；如何令人心端正、思想淨化的接受薰陶，挽扶「正命」的人群，則佛教社會教育的施設和推廣，應積極效勞。因此一方面加強現世教育學的研究，一方面以深入淺出的方式傳播

佛陀遺教。因而提示課程內容應為佛經中淺顯易接受之教義，和歷代祖師之論著，配合「境教」之設施來施教。具體內容包含：四聖諦、十二因緣、六度波羅蜜等覺性教育，以及以人際關係和諧相處為重點的四攝法（布施、愛語、利行、同事）為根本教化內容，以打動人心。

伽爾德（1981）認為現代的佛教教育要融合佛教和非佛教的課程。所謂佛教課程是指誦讀經、律、論三藏，以及其他論疏的研究。非佛教課程是指運用「西方專長學術」系統去擴展佛教的內容。以西方學術中的語言、歷史、社會、民間信仰、宗教、哲學、文化藝術、物理科學、圖書和博物館等，去解決佛學中的大問題，或以佛學去解決西方學術上的問題。由此，更能顯出佛學和佛法的重要。

于凌波（1991）認為小乘是佛教的根本教法，是大乘的根本。所以研究佛學應從小乘著手，再入大乘。所以內容應包含小乘佛教的：〈四阿含經〉、〈阿毘達磨〉諸論、〈俱舍論〉、〈成實論〉等經論，以及自度自利、觀「四念處」、修「四聖諦」「十二因緣」等法門、破我執、斷煩惱障、明生空、法空、證大覺果（成佛）等。

李孟翰（1984：146）認為佛教教育的課程應包含下列各部分：

(一) 佛學課程

1. 經：妙法蓮華經、觀普賢菩薩行法經、無量易經、摩訶般若波羅密經、大般涅槃經、淨土三經、八大人覺經、遺教經等。

2. 律：沙彌律儀、大乘三種戒經、律學綱要。

3. 論：成唯識論、大乘廣五蘊論、俱舍論、釋禪波羅密等。

(二) 交觀研修課程：大乘止觀法門、釋禪波羅蜜法門、小止觀、六妙門、教觀綱宗、禪關策進。

(三) 道業薰修：包括課誦、晨鐘暮鼓、禪行、禮儀、禪淨雙修、冬季禪七、暑假安居等。

(四) 相關佛學課程：

　1. 哲學：中國哲學思想史、哲學概論。

　2. 文學：佛教文選、中國文選。

　3. 史學：中國佛學史、本國史、世界史。

　4. 藝術史：佛教藝術、佛像繪寫等。

　5. 外國語文：英文、日文等。

(五) 哲學系：

哲學概論、形上學、知識論、理則學、倫理學、中國哲學史、西洋哲學史、中國哲學專家與專題、西洋哲學專家與專題、一般性哲學。

(一) 社會工作學系：

社會工作概論、社會學、心理學、社會心理學、人類行為與社會環境、社會統計、社會個案工作、社會團體工作、社區組織與社區發展、政治學、經濟學、法學緒論、社會工作研究、社會政策與社會行政、社會工作實習。

(二) 應用心理學系：

普通心理學、心理與教育統計、社會學、基本心理歷程、基本心理歷程實驗、發展心理學、心理測驗、輔導原理、諮商理論與技術、工商心理學概論、社會心理學、人格心理學、團體動力學、變態心理學、行為科學研究法。

　　由上述的觀點，可發現佛教教育的課程除了重視傳統佛教專業科目，以利於更高深的修行外，乃至於平時寺廟運作、管理等行政工作，俾使佛法長傳。

　　同時也要增加一些實際需要的觀念、知識，使佛教徒具有更寬廣的視野與胸襟，開拓佛教徒知識，推動佛教教育的現代化，以符應社會的潮流脈動。也要重視佛教教育與佛教團體對社會的責任。佛教課程中應該加入一般社會大眾也能夠修習的課程使佛法得以廣披大眾，眾人皆享佛法滋潤。且不應該自外於社會，應該對於社會負起應有的社會責任，如青少年的教化、指導、社會大眾的淨心教化工作。

第二節　佛教教育教學方法

　　陳迺臣（1995：142）認為佛教教育的教學方法除了靜坐禪思等直觀或教學之外，似亦可兼採思辯（speculative）訓練之法，亦即可行經驗反省、觀念澄清及分析、反詰、辨論、討論等方式教學，幫助學習者的價值觀、信念予直觀了悟之外，也有經驗思辨的基礎，經過此類教學方法，將有益於弘法工作的進行。

　　謝力中（1995）認為佛教教育教學方法應該科學化，所謂的科學化就是講求效率。透過科學化的教導是比較有效的途徑，透過科學化的教學方法，使得佛學教育能夠深入一般的社會大眾，使佛法得以弘揚，提昇人類的精神、心靈，使心靈平靜、淨化。

　　釋善珠（1986 引自龔蕙瑛：55）認為佛教教育的正確方法是理論上與實踐上均避免走極端。亦即知、行要合乎中道。

陳迺臣（1986）認為：現代西方分析哲學所涵蓋的，透過邏輯
分析，說明語言和觀念的方法，宜在佛教學院或類似佛教教育機構
來教授；佛教哲學宜成為必修課程；換句話說，宗教師應具備宗教
哲學的素養，以及分析哲學的訓練，以正確而清晰地傳授教學內
容。

釋宏一（1986）認為佛教之基本原理，乃在教人由心中自己覺
悟，先求個人身心的淨化，再以四攝、六度（布施、持戒、忍辱、
精進、禪定、般若）達到淨化社會大眾的目的。因此，佛教教化的
方法不只是口耳之教，而是身教、言教及形教同行並進。

陳仁眷（1986）認為佛教教育應用啟發的方式，以「人格教育
為重心，以道德的徹悟、惰性的陶冶、智慧的開拓、悲智的教化，
以明體達用。教師的態度應本著「一切眾生皆有佛性」的平等觀，
有教無類，應機示教，由淺入深。並秉持「悲智雙運」的大乘菩薩
精神以教化眾生。

由上述論點可以發現，佛教教育的教學觀點與孔子的觀點相當
接近，當強調「因材施教」的重要性。而佛教教育的教學方式並非
全同以往，而是跟隨時代脈動，不斷的調整自己的腳步，不斷的更
新自身的教學方法，不斷接受的觀念，推動佛教教育的現代化，與
時俱進。

第三節　佛教教育的師資

現行的一般教育師資來源越來越多元化、也越豐富。除了現行
師範體系培訓出的師資外，許多綜合性的大學也設有教育學系或是

教育學程的管道，以培訓教育師資，使得一般教育的師資來源不虞匱乏。現今愈來愈多的佛教團體加入興學的行列，但佛教師資的培訓的內容、師資的來源，都是佛教團體在未來將會面臨的問題，所以如何規劃一個有系統的佛教師資培養管道，將是重要的課題。

李孟翰（1995）對於佛教教育師資培訓提出可行途徑為：

(一) 提高研究機構研究生之素質：提高財團法人佛學研究機構研究生之素質為具有碩士學位者，並指導他們專攻若干門課程。

(二) 獎助或支助研究生出國進修：洽商各種財團法人佛教文化基金會贊助，於每年獎助或支助若干名學術研究機構研究生出國進修。

(三) 獎助研究所研究生研究佛學：目前國內外私立常學研究所研究生中不乏深具慧根之青年學子，如能獎助他們研究佛學，將可成為師資的來源。

(四) 設立佛教研究所計劃性培育：即以正規學制之佛教研究所作為師資人才培育的搖籃，當然，這不是短期間內可以實現的，因為它同樣涉及研究所的師資、課程等問題。假使能鼓勵與協助經過政府立案的財團法人佛教學術研究機構納入為正式學制的佛教研究所，將可收事半功倍之效。

(五) 遴選資質優異僧才進修深造：佛教界中不乏禪淨雙修、資質優異之僧材，如能加以重視及培養，對於未來佛教課程及道業熏修課程的師資來源將有很大的幫助。

如此，不僅佛教教育的師資不虞匱乏，也使得整個師資的素質提昇，整個培訓過程也具有系統性，而非片段。唯有建立完整的師資培訓途徑，佛教教育的師資、整體素質才能提昇。

第三章 佛光山叢林學院

第一節 源起與沿革

　　民國五十四年星雲大師在高雄壽山寺創辦「壽山佛學院」，開啟了現代僧伽教育的新紀元。民國五十六年，因為學生人數遽增，壽山佛學院現有的院舍不敷使用，大師在高雄縣大樹鄉購地開山之初，即將壽山佛學院遷至佛光山而成立「東方佛教學院」。這是當時台灣佛教界唯一的一所獨立學院，融合傳統精神與現代設備的佛教叢林（慧開法師，2000：6.3-6.5）。

　　民國六十二年秋，星雲大師在創立佛光山叢林大學院，六十四年元月更名為叢林大學，後因教育部反對宗教機構使用大學之名，遂於民國六十六年秋，更名為「中國佛教研究院」，下設專修、研究兩部。專修部為大學課程，研究部為研究所課程。

　　民國七十二年，於佛光山東山大智殿單獨成立男眾佛學院，而後改名為叢林學院男眾學部，自此佛光山叢林學院分為男眾學部與女眾學部兩個獨立學區。民國七十九年七月，男眾學部遷到台北縣石門鄉之北海道場，又於民國八十四年七月遷回佛光山大智殿。

　　早在民國五十六年，星雲大師將高雄壽山佛學院遷至佛光山時，即創設「沙彌學園」，專收國小畢業男童，施以解行並重的佛

門教育。民國八十四年七月，由佛光山遷至北海道場，又於八十八年三月，遷回佛光山。目前因顧慮到國民義務教育問題，已考慮停止招收沙彌學生。.

民國七十二年，於台北市松江路之普門寺設立「台北女子佛學院」，專收高中畢業以上之女青年，學制兩年。民國七十六年元月，因學生人數與年俱增，教學空間不敷使用，遂遷至台北縣石門鄉之北海道場。民國七十九年七月，北海道場改為由男眾住持，佛光山男眾學部遷往北海道場。原台北女子佛學院，則遷移至基隆極樂寺，並更名為「基隆女子佛學院」。

民國七十二年，於彰化福山寺設立「福山佛學院」與台北女子佛學院相同，專收高中畢業以上之女青年，學制兩年。七十八年再增設「福山學園」提供初級佛學教育，招收國中畢業以上，或失學之女青年，學制兩年，畢業後可經過考試，再進入叢林學院專修學部繼續學習。

民國七十九年，成立「圓福學園」於嘉義圓福寺，其學制相同於福山學院。早自民國七十二年起，及陸續有來自韓國、日本、泰國、緬甸、印度、錫蘭等國家的學僧，到佛光山來參學修習中國大乘佛法。為因應國際佛教交流所需，培養優秀國際弘法人才，民國七十五年成立國際學部英文佛學院，學制二年。又於民國七十八年設立國際學部日文佛學院，學制二年，並於民國八十一年遷至高雄普賢寺。民國八十三年，正式成立外籍學生研修班，接受從國外來到佛光山求法的學生，有來至馬來西亞、印尼、泰國、緬甸、日本、韓國、印度、尼泊爾、錫蘭、南非、剛果等國家。外籍班的教學內容是以中國語文與中國大乘佛法為主。

　　為因應時代的變遷，以及學生素質的提昇，於民國七十八年假美國西來寺召開了教育委員會議，著手進行學制的改革，將佛光山之僧伽教育規劃為三個層次：（1）中國佛教研究院（相當於研究所），（2）佛光山叢林學院（相當於大學部），下設「專修學部」與「國際學部」，（3）東方佛教學院（為預科班）專修學部是以培養弘法人才為主，設有經論教理、法務行政、社會應用、文教弘法等四個學門。叢林學院學制四年，第一、二年為通識教育，第三年以後則依個人性向，經由考試選讀四個學門中的任一學門，或是國際學部中的英文佛學院或日文佛學院。

　　一九九四年十月，非洲佛學院於南非南華寺正式成立，並有十位來自剛果的黑人剃度出家，成為非洲的第一批學僧。一九九五年，續招收二十位剛果學生。他們都已有高中或大學的學歷，先在南華寺的「文殊院」學習中文、佛教基本義理與梵唄後，再到佛光山男眾學部就讀。

　　一九九六年三月，於馬來西亞雪蘭義州成立「東禪佛學院」接受大馬各地與鄰國的學生就讀。

　　以上所述之佛光山僧伽教育各部門，均由佛光山教育院管轄。民國八十五年八月因佛光大學南華管理學院創立，佛光山文教基金會與南華管理學院建教合作，成立宗教文化研究中心，下設「佛教文化研究所」與「比較宗教研究所」取代原本之「中國佛教研究院」。八十八年八月，上述兩所更名為「佛教學研究所」與「宗教學研究所」，後者已向教育部申請正式設所，之後佛教學研究所亦納入南華大學之正規學制內。

第二節 課程規劃與課程內容

　　佛光山之佛學院教育，是以叢林學院之男眾學部與女眾學部為主幹，其招生對象為十八歲以上、三十二歲以內之未婚男、女青年，身分不限出家或在家，而入學新生則以在家學生居大多數。

　　叢林學院之教育宗旨與整體教學設計是以下列兩點為施教之方針與目標：（1）體驗宗教修道生活，（2）融會佛法義理於生活實踐之中，期以培養深具宗教情操，正知正見，解行兼備，人格成熟之弘法基本幹部。換言之，學院的教育宗旨與目標是以培養未來可以擔任弘法佈教的宗教師為主，課程的設計也是以培養未來的僧才為教學目標，因此課程的內容是以佛學為主、世學為輔；佛學為體，世學為用（慧開，2000：6.5-6.9）。

　　佛學院強調生活教育與實踐的教育，解行並進，而不偏於純知識的追求。修學佛法的入門總綱是依據佛陀的根本教化：四聖諦（苦、集、滅、道）、八正道與六波羅密，從三業（身、口、意）、六根（眼、耳、鼻、舌、身、意）著手，力行三學（戒、定、慧），精進三慧（聞、思、修），以達斷惑證真的目標。「四聖諦」、「三學」與「三慧」的精神與內涵，解析如下：

> 1. 四聖諦乃佛陀教化之根本法輪，就宗教之深層義理的觀點來解析，佛陀的教化本懷是以現實的人生經驗為起點，以究竟圓滿的人生境界為目的。值得注意的是佛陀解說四聖諦的義理，是依循心理學的次第（psychological order），而非邏輯學的次第（logical order）。
> 2. 三學：即是「戒、定、慧」，是修學佛法的總綱領。

(1) 戒：攝護六根，扭轉習氣，於內令煩惱不易起現行，於外不侵犯他人，慈悲一切眾生，身心輕安。

(2) 定：內聚心力，逐漸止息煩惱。遠離散離與懈怠，心止於一境，身心自主。

(3) 慧：運用觀力，逐漸勘破煩惱，觀照自心，開發智慧，通達因果，抉擇真妄，身心解脫自在。

3. 三慧：即是「聞、思、修」，聞所成慧，由聽聞、記誦而來；思所成慧，由思維、理解而來；修所成慧，由身體力行，三業、六根與佛法相應而來。

佛學院的課程安排，著眼於能提綱挈領，以便引導後學能深入經藏。課程的內容，除了主要的解、行兩門之外，再加上應用門、世學以及語文。解門的內容，包括：教理、教史、經論、宗派等項目，各項的開課內容，例舉如下：

1. 教理：基礎佛學、中觀學、唯識學等。

2. 教史：印度佛學史、中國佛學史、高僧傳、緇門崇行錄等。

3. 經論：經論導讀、遺教三經、阿含經、俱舍論、般若心經、六祖壇經、法華經、異部宗輪論、大乘起信論、中論、入中論、大智度論、百法明門論、八識規矩頌、唯識三十頌、成唯識論、菩薩行論等。

4. 宗派：部派佛教、宗派概論、八宗綱要、禪門公案、天台教觀、華嚴思想、宗門思想、佛光學等。

行門的內容，包括：學佛行儀、僧事功課、佛事懺儀、禪座、禪淨共修。應用門的內容，包括：法務實習、寺廟行政、佈教學等。世學的內容，包括：國文、中國哲學史、老莊哲學、宗教心理學、

教育心理學、世界宗教導論、文學與寫作、應用文、論文寫作、電腦等。語文課包括英文與日文。.

佛學的內涵博大精深，欲盡窺堂奧，恐窮畢生之力而難盡其功，而佛學院的解門課程，也有過於龐雜之嫌。星雲大師有鑑於此，從民國八十一年起，著手編撰《佛教》叢書，內容分為十冊：（1）教理（2）經典（3）佛陀（4）弟子（5）教史（6）宗派（7）儀制（8）教用（9）藝文（10）人間佛教，於民國八十四年完稿付梓。此套叢書並未對外發行，只提供給佛學院學生作教科書，以及佛光山徒眾、佛光會檀講師、檀教師自修研讀之用。之後，大師又再著手編撰《佛光教科書》，內容共有十二冊：（1）佛法僧三寶（2）佛教的真理（3）菩薩行證（4）佛教史（5）宗教概論（6）實用佛教（7）佛教常識（8）佛教與世學（9）佛教問題探討（10）宗教概說（11）佛光學（12）佛教作品選錄，已於八十八年十月出版，並公開對外發行。目前這兩套叢書，叢林學院已經採用作為課程教材。

為培養學生具有多項才藝，增進未來弘法佈教的能力，佛學院另開設有各項社團活動，例如：書法、美工、中國結、國畫、國樂、插花、中醫、體育、電腦等項目，讓學生自由選擇。

第三節　國際學部

星雲大師為落實「法水常流五大洲」的理念，乃成立國際學部。

1. 英文佛學院

　（1）緣起與沿革

為因應國際佛教交流所需，培養優秀、具有國際觀的國際弘法人才，加速大法西行，乃於民國七十五年成立了國際學部。

(2) 課程內容

英文佛學院的課程內容，不僅止於語言聽說讀寫的訓練，也重視生活上對於佛法的體驗、道念的培養即常往宗風的認識、學佛者的品德風範，從做人處事中，落實人間佛教。

(3) 成果與貢獻

英文佛學院成立迄今已經十餘年，總畢業生已經達百餘人，至今分別至五大洲弘法，目前均擔任要職，成為國際弘法的尖兵，對於佛法廣披於五大洲貢獻良多。

2. 日文佛學院

(1) 緣起與沿革

語言是弘法的方便，又日本的佛學研究在世界上有相當的成就，為「他山之石可以攻玉」，也為了將佛法廣披至世界每一個角落，佛光山於民國七十八年設立國際學部日文佛學院，並於民國八十一年遷至高雄普賢寺。

(2) 師資與設備

許多日本的知名學者如平彰川、謙田茂雄、前田惠學、水谷幸正等，皆曾經為日文佛學院開過密集、深入的課程教授。日文佛學院採用小班教學制，每年兩班學生合計皆約三十名。

在設備方面，有豐富藏書的圖書館、陳列各種教學錄影

帶的視聽教室，以及明亮寬敞的教室。

在院中，大家和睦相處，宛如一個大家庭，共同為弘揚佛法及經典的研究而共同的奉獻努力。

3. 外籍學生研究班

在佛光山的佛學院中，有一特殊的國際班，他們來自世界各地，有人來自馬來西亞、印尼、泰國、香港、印度，有的甚至來自剛果、德國。其目的都為求得佛法，而不辭辛勞，遠從世界各地聚於佛光山。

透過外籍班的成立，我們可預期大乘佛法將隨他們帶往那遙遠的國度，開啟佛法的另一個新境界、新紀元。

第四節　專修學部

佛光山叢林學院的專修學部轄有本山男眾佛學院、本山女眾佛學院、基隆女子佛學院、彰化福山佛學院、馬來西亞東禪佛學院、澳洲南天佛學院、非洲佛學院、香港佛教學院、洛杉磯西來佛學院等。

從佛光山男眾佛學院畢業的學生，當家、住持或身任文教要職者，遍及海內外。他們的特色是具有堅忍的耐力與廣闊的心胸眼界，把長遠的弘法之路，當作生命昇華的承擔。到達本山，首先映入眼簾的為高一百二十公尺的接引大佛，閃爍著金黃色的光輝，一雙接引的佛手，數十年來慈悲的等待著倦遊歸來的佛子。男眾佛學院與大佛城僅有一牆之隔，在高屏溪俯瞰的修竹下，修道男眾皆以龍馬精神為傳承，一脈相傳，充滿生命活力。

　　民國七十二年，星雲大師為鼓勵男眾青年學佛，在佛光山設立男眾佛學院，圍牆內外，環境井然，恰如修行人平和淡泊的心。大智殿為男眾學生早晚課誦修行的殿堂，透過早晚課誦，增長菩提慧命，期望所有男眾接能修如文殊菩薩的大智慧。在男眾佛學院中，每棟院舍皆以印度古德為名，如龍馬樓、馬鳴樓、無著樓、世親樓，期望男眾學子效法古往先賢弘化度眾的精神，開創佛教的新機運。

　　本山女眾佛學院掩映在濃蔭綠樹中，風過處，只聽得燕語呢喃，學子朗朗讀頌聲。推開寶橋盡頭的鐘形門，隔開喧鬧與紅塵，宛如走進寧靜的桃花源，這兒就是佛光山叢林學院的女眾學區，也是佛光山開山第一期的建築。古樸的大悲殿，供奉著觀世音菩薩，殿內氣氛優雅寧靜，是女眾同學早晚課頌的殿堂，陶冶出具有慈悲的氣質，又兼有巾幗不讓鬚眉的擔當，佛光山的女眾，普遍都有這種氣質。院內隨處可見燕子於屋樑上築巢，也隨著學院的鐘鼓「作息」，成了佛學院的另一類學生。

　　佛學院重視的是生活教育，三餐完全由學生負責料理，院內仍保持燒木材爐灶的傳統，煮出來的飯菜另有一番火候滋味。

　　裝修典雅、和室座位的圖書館，藏書豐富，擁有十幾種版本三十多套的藏經，供學生悠遊法海。

　　為應中、北部佛教青年學佛的方便，民國七十二年，大師指示於台北市松江路的普門寺設立「台北女子佛學院」，專收高中畢業以上之女青年，學制兩年，授課內容循序漸進，與本山學部在精神、體制上脈絡一貫，而成一系列之全程教育。

　　民國七十六年元月，因報考人數與年俱增，原松江路舊院址面積有限，遂將佛學院遷至台北縣石門鄉的北海道場。

　　民國七十九年七月，北海道場改為男眾道場，本山男眾學部遷往北海，原有的台北女子佛學院，則遷移到基隆極樂寺，並更名為「基隆女子佛學院」。「基隆女子佛學院」院舍、設備、師資皆達現代化一流水準，而生活作息卻仍是依循傳統的叢林規矩。秉承開山大師「都市叢林化、寺廟學校化」的理念，便是該院辦學的特色。

　　大師本著以教育培養人才，推動社會進步，淨化娑婆的慈心悲願，在馬來西亞創辦東禪佛學院，希望方便熱心研究佛學的信徒，更為馬、新、泰、印、汶五國未來儲備弘揚佛法人才，以促進佛教文化之交流。東禪佛學院座落在馬來西亞雪蘭莪州仁嘉隆，環境幽靜，為優良的讀書環境與修行的理想道場，為大馬地區佛學人才的搖籃。

　　在經歷多年盡心盡力的籌劃下，終於排除萬難在一九九六年三月十一日舉辦首屆新生開學典禮並正式開課，共有二十多位來自大馬各地及鄰國的學生就讀。學院的修業年限為三年，採學分制，前兩年在東禪佛學院就讀，成績優良並通過升級考試的學生，第三年將保送往佛光山叢林學院的研究部繼續研讀。課程內容計有宗教思想、佛法概論、經論選要、名相學、文獻學、佛史概說、高僧行誼、學佛行儀、五堂功課等。東禪佛學院的課程除佛學外，還有中國文學、社會學及應用學等，為配合時代需求及現代化教學規範，東禪佛學院也具有現代化的硬體設備，包括視聽中心、電腦教室、圖書館和禪堂等，使學生們在熟悉各種佛法之餘，也對於電腦、行政及事務駕馭自如，也與時代並進。

　　該院進行正統的叢林佛學教育，從大學部至研究部，體系完整一貫。該院還具有師資陣容堅強、環境設備優良、經典藏書豐富、

獎學金制度完善、行解課程並重的特色，學生畢業後更能參與佛教文化、教育、社會服務等事業。

經筆者實地觀察並瞭解，由於馬來西亞是回教國家，對其他宗教相當排斥，佛光山在馬國弘法倍為艱辛，佛學院招生也多有困難，近年已調整修業期限，改為一年兩期，一期為兩個月。然大智圖書館藏書極豐，能提供佛學研究最多資料的地方。

「以教育培養人才，以文化宏揚佛法」，是本山開山宗旨。在非洲，也是秉此理念發揚。一九九四年十月南非南華寺❶（位於Bronkhorstspruit，近約翰尼斯堡與首都普利托利亞）非洲佛學院正式成立，招收十位來自剛果的黑人剃度出家，成為非洲的第一批學僧。他們全都具有高中、大學的學歷，在南華寺的「文殊院」學習基本的中文、梵唄、書法後，即送返本山男眾學部就讀。

一九九五年，非洲佛學院再招收了二十位剛果成員，給予佛門的教育。希望能以「中文學習佛法，以本土化傳播佛教」。預計在五年以內，學院學生能具備聽、讀、寫的的中文能力，並在非洲國家以本土化宏揚佛法。至二〇〇〇年止，非洲佛學院已招生七屆，共有156位學僧就讀。非洲佛學院主要授課內容為中文、基礎佛學、佛教史、五堂功課、中國功夫、禪坐、電腦課等。教學方法是以「中文學習佛法，本土化傳播佛教」。院方表示：非洲學僧對中國功夫特別有興趣，運動則以足球為首。經筆者實地走訪得知學僧多來自貧窮地區，均為溫飽或爭取受教機會而來，其中不乏在結業後還俗

---

❶ 取名南華寺，有所謂「南非華人建寺」的說法，也有謂借禪宗惠能宗本道場南華寺之名。取名時間與南華大學相差無幾，然同名純屬巧合。

返鄉工作者。雖然本土化傳播佛教的願景非在旦夕間躐成；然在中文與電腦等課程中，也讓學僧習得一技之長，終究能在家鄉的工作崗位上自立自強，也已符合佛光山以教育培養人才的目的了。

佛教開展素來以出家人為重心，法輪運轉須是「佛法僧」三寶同時具足，而且佛法是以本土化的傳承方式傳播，本土的出家人是弘法的原動力，因此非洲佛教未來的發展當以培訓非洲本土的出家人為重點，非洲佛學院即是培育非洲本土出家人的搖籃。

非洲佛學院的特點是：

1. 仰承佛光山宗旨：佛光山的四大宗旨，首要即是「以教育培養人才」，非洲佛學院就是落實本山的教育精神。南華寺在非洲弘法深刻瞭解，推展非洲佛教終需本土僧人。

2. 法傳非洲：南華寺建構中國佛教傳法非洲的歷史大工程，光大星雲大師傳燈的精神，期許法脈延續，企盼非洲佛教在中國佛教之後，再創佛教的新紀元。

3. 中文學習佛教，母語傳播佛法：學僧入學先習中文，學會中文方能深入經藏、瞭解教義。然學成後回到鄉里，則以地方母語弘法。此精神乃效尤昔日佛法東傳時古代高僧的學習方式，無論是玄奘、法顯或義淨，均由中土遠涉印度取經學法，且必先學會梵文，如此才能領會佛法精義，學成返回中國，則以中文傳法。印度佛教式微，反倒是興於中土，今日最完整、最豐富的佛教經典皆為中文，非洲佛學院以中文學習佛教確實是正確的教學法。

4. 出家學佛：非洲佛學院學僧入學必須剃度，先以一年短期出家，再慢慢進階至終身出家。一經僧服披身，具有隱性

的約束力，一方面方便院方管理，二方面增進學僧的學習專注力。

　　為了非洲眾生智慧的啟發，非洲佛學院擔負著任重道遠的職責。非洲環境較其他區域與國家單純，物質慾望也較低，沒有外界的誘惑力，因此向道念較強，若有佛法薰陶，必能帶動非洲佛教的宏揚。學院對學僧出家長短並無任何強迫性，學僧在畢業後大可選擇返俗。於此並不違反戒律，也不因此而浪費了教育投資，因為身為在家眾，也有因緣，也能傳播佛法。

第四章　中國佛教研究院

第一節　辦學的宗旨

佛光山之創立，是為了實現興辦佛教教育，以培養佛教人才的理想，依此理想訂立下列辦學宗旨而興建中國佛教研究院：

為造就佛教專門人才，以從事佛教教育、文化、慈善等事業，住持佛教，宣揚佛法，達到人心之淨化，社會之安和樂利。該院乃秉承觀音、文殊、地藏、普賢四大菩薩之精神，以「悲、智、願、行」為院訓、而達到下列之教育目標：

一、培育學生長養慈心悲願、為法忘軀之精神，以光大佛法，續佛慧命為職志。

二、廣修戒、定、慧三學，以養成學生高度智慧，無愛辯才，能擔當弘法利生之重任。

三、授與學生廣博之人文與自然科學之知識，增廣佛法之應用，內學、外學兼備，以養成深入社會、服務社會之願力與能力。

四、陶冶學生謙恭忍讓、勤勞儉樸、樂觀進取、篤實踐履之德行。

第二節　行政組織

　　壽山佛學院初創之時，星雲大師已經擬妥了該院的「辦學宗旨」
及「教育目標」，為求分工合作共同完成此一教育目標，自需建立
健全的行政組織，因此幾經商討研議，參照一般教育機構的行政組
織模式，訂立了該院行政組織規程。

　　為不斷革新該院教育，特聘在教育方面有經驗、學術研究的專
精人士，於民國六十六年，組成教育委員會，為該院的決策機構；
定期舉行會議（通常為一月一次），研討有關教育的重大問題，如
教育計畫、教材內容、教學方法、遴選教師、添購設備、檢討教育
成效、處理學生問題，以及一般的信眾教育、大專教育、社會教育、
兒童教育等。由大師親自主持下的教育委員會，周諮博採，集思廣
益，先後通過了學則、院規、各班級教育計畫及教育手冊；實施以
來，頗能發揮組織功能及建立制度的成效；使佛光山一系列的教育
體系，正向現代化、制度化的途徑邁進。

　　佛光山在星雲大師的領導下，門徒學生的同心協力下，二十年
來成為名聞遐邇，海內外知名的佛教聖地。其中教育的蓬勃發展，
已經非原有的教育委員會組織功能所能夠涵蓋的，乃於民國七十六
年將中國佛教研究院，直屬於佛光山宗教委員會所管轄，而其餘的
信眾教育、大專教育、社會教育及兒童教育則分屬佛光山之信眾、
弘法及教育三個監院負責輔導。

　　一個團體的活動，一件事業的開展，最主要的是預作詳盡的計
劃及訂定實施的步驟。我們很常看到許多的團體，因為缺乏了詳盡
可行的計劃，以致於做起事來茫茫然、毫無頭緒，如此，必然得不

到我們所預期的效果。佛光山創辦的佛學院，為使全院的師生在學期中各種的學習活動，皆有妥善的事前規劃，與每學期開學之前，就照例把教務、訓導、總務等方面的相關工作行事做通盤的整合調配，編列全學期的行事曆，以作為各部門開學後的行事依據。

第三節　課程內容

我國的教育向以德、智、體、群四育為目標，該院的教育內容亦以德智體群四育為主。

1. 德育方面

作為一個佛教徒，高尚的品德、堅定的教性是不可或缺的基本條件。該院對佛弟子的道德教育，除教以平常應遵守戒律以外，對品德教育的培養，則在每日之早課、早齋、午齋、藥石、晚課等五堂課中實施，學院學生在就學期間，一律要熟記上述五堂課的內容，並能履行實踐，知行合一，否則不予畢業。

另外，每週必須接受靜坐的訓練，一切儀規均照叢林禪堂的規矩執行。

在德育課目中，有精神講話和週訓。精神講話是不定期的，由訓導處視當時之需要，請院長或院內教授、諸方長老大德擔任講授。週訓則每週立一德目，作為該週之德育中心。

2. 智育方面

大乘佛教是教人出世兼入世的，所以不能和社會脫節。該院傳授佛教知識既以大乘佛教為宗，因此在課程的規劃上，必須對出世的思想與入世的理念，做統籌兼顧的安排。

　　早在壽山佛學院時代，課程的編排，即以此為主要之教育目標，世法、出世法列為必修之課程，世法中如安排中西哲學、世界通史、英文、日文、插花、烹飪、美術等課程，以符合實際需要；佛學方面則包括經藏、律藏、教史、宗派等的研究，務期能達到以佛學為體，以世間學為用的教育目標。

　　該院遷移至佛光山之後，在學制上仍以三年為修業期限，因環境之需要，課程項目雖略有增減，但是大體上並無太大差異。在課餘工作方面，則加強挑土、搬石、蒔花、墾地、烹飪等傳統叢林的作務訓練，以期培育出事理兼顧，解行並重的佛門現象。

　　民國六十二年創設之叢林大學院每兩年招生一次，第一期設佛教史學系、唯識學系。民國六十六年秋，以客觀環境需要，將「叢林大學」更名為「中國佛教研究院」，下設「專修部」和「研究部」，原「東方佛教學院」亦納入同「中國佛教研究」體制之內，並分初級班、高級班、其課程之劃分及成績評定採學分制（前者修九十四學分、後者修一百三十一學分），以彈性時間（前者一至二年，後者一至三年），修得規定學分，即可直升高級班或專修部。

　　專修部採學期制，全期教育為八期，一期三個月，每期開一科，按各宗派性質，採取密集教學，期能專攻深入。每學期成績及格，發給學科結業證書，修滿八學期，換發畢業證書。此種設計，讓學生可以根據個人的志趣選修，在短期內作行解並重，一門深入之研究。

　　研究部為專題制，注重單一學門的深入，專精研究，聘有教內外大德學者指導。

　　讀書方式，亦比較新穎，除了開有梵文及佛學英文、佛學日文

課程以外，其餘課程全為「專題討論」，著重在經點、專題論文的討論，以及報告及論文的撰寫訓練。

研究內容，不偏重一經一論的傳統訓詁方式，而是將研究面擴大為中、印、藏、南傳等系佛教，尤著重於歷史之發展觀念與治學方法。

民國七十二年秋，為了培養更多的男眾弘法人才所設立之男眾學部，及為了便利中、北部青年佛子學佛，特別開辦的「台北女子佛學院」、「彰化福山佛學院」，修業年限皆是三年。包括兩年的課業研讀，和第三年的實習，課程安排，循序漸進，由淺入深，從概論而進入專門，由被動的接受轉向自動研究。同時，為了加強訓練學生能夠舉辦各種弘法活動及各項弘法技能，特開設有以群眾心理及社會背景為基礎的「佛教佈教法」、公共行政法為基礎的「法務實習」等科目，以便讓學生有更多機會實際參與或籌備各項弘法活動。

另外為了因應日漸增加的國際僧眾來山參學，而創辦了「國際學部」，在課程安排上，除加強中文教學之外，對於中華文化、中國大乘佛法的認識，亦有相當比例的加強。

而為了應國際弘法的需要，培養優秀的國際弘法人才，所成立的「國際學部英文佛學院」，課程安排上，著重於大小乘經典及巴利文的認識，授課方式完全採英語教學與會話交談，在講、聽、寫各方面，做到嚴格的要求，學生不僅要能以流利的英語發表報告，更要以正確的英文撰寫佛學論文。

3.體育方面

該院一向注重學生之體育活動，規定每日下午四時三十分至五

時三十分，為體育活動時間，項目有籃球、排球、乒乓球、羽毛球、跳繩等，要求學生全面參加。平時更教學生操練少林拳、羅漢操，或安排晨間環山慢跑，以鍛鍊強健的體魄、開朗胸襟，一掃往昔出家僧尼萎靡不振、面有菜色的積弊。

另外課餘時間，訂有工作實習計畫，以培養學生刻苦耐勞的精神及堅忍不拔的意志。

4. 群育方面

大師常開示學生「弘法為家務，利生是事業」，弘法與利生，第一步就是面向群眾。佛教雖有高深的哲理，但如不能適應群眾的心理，滿足群眾的需求，非但弘法利生的工作無法展開，且將被群眾遺棄，為時代所淘汰。

第四節　設備與師資

1. 師資

要把教育辦好，師資與設備是兩項基本條件，是以師資陣容的強化，實是確保教育績效的關鍵所在，尤其，佛學院是宗教學校，對學生之學識、品行上的指導與陶冶，應比一般普通學校更加嚴格周密，因而對師資的延聘自必更加審慎。

本山各佛學院師資陣容之堅強，以及教師人數之眾多，除了聘請各大學教授來院教導專門課程之外，佛學方面則聘請佛教界長老大德、科班出生的佛教優秀人才，學有專精的佛教名學者傳授課程；平均每五個學生，就聘請一位教師，讓學生可以充分親近善知識，接受指導。

　　由於本山各級佛教學院，無論是北、中、南三地皆地處郊區，有些教授來上一堂課需經數十里之車程，但他們仍風雨無阻不以為苦，對學生之日常生活諄諄開導，儼如父母，教學之精神與熱忱令人感佩不已。

　2. 設備

　　台灣位居亞熱帶，夏季一至，便火傘高張，為使學生能獲得舒適的讀書環境，大師決定在校舍全部頂樓加裝防熱層。其次，大師認為提高學術研究，必先擴充圖書館的設備及藏書，首先擴建「懷恩堂」，增加藏書容量，改善通風、採光及內部附屬設施，並寬籌經費，不斷添購新書，每月至少購進圖書一萬元以上。目前全山擁有大正藏十餘部，高麗藏、鐵眼藏、頻伽藏、中華及日文南傳大藏經，巴利文藏經，國譯一切經等各多部。

　　運用工具書方面有望月佛教大辭典（十巨冊）約十部、龍谷大學佛教大詞彙（六巨冊）五部、佛書解說大辭典（十三巨冊）一部。其他梵、巴、藏、英、日文佛學著述，各種文字的百科全書，國內外著名的佛學月刊，一般的雜誌（如「天下」、「遠見」、「讀者文摘」、「聯合月刊」……等二十餘種），及世間、出世間學圖書多種，雖不敢說應有盡有，然藏書之種類及數量之多，國內佛教圖書館，罕有其匹，圖書館所有的藏書，皆採開架式，以便於學生借閱，為使圖書館內的資料得以充分利用，特增置影印機乙部，全體師生所需之資料，可隨時交付影印，僅收取紙張成本，十分經濟方便。

　　至於地處中、北部的彰化福山佛學院、台北女子佛學院，圖書數量雖不及本山圖書藏量，但福山佛學院位居本山「佛光山藏精編

修委員會」的福山寺,可運用編輯部門的藏書;而座落於全國文化、學術重鎮的台北女子佛學院,場地面積寬敞,有莊嚴的佛堂、設備完善的辦公室、教室、起居室、齋堂、廚房等,都帶給同學們極度的方便。

第五節　中國佛教研究院特色

1. 中國佛教研究院院訓

民國六十二年六月十六日,當時行政院長蔣經國先生曾蒞臨佛光山巡視,在參觀東方佛教學院時,曾問星雲大師:「悲、智、願、行是什麼意思?」大師簡單的解釋說:「這是我國四大名山的四大菩薩各自所具有的功行表德,我們將他做為學院學生學習修持的目標。」這四個字也就是佛光山所創辦的佛學院院訓,大師希望佛光山的弟子與佛學院的學生,都能弘揚四大名師的精神,效法四大菩薩的行誼,努力向學,一心向道,力求悲、智、願、行四者兼備,樹立佛光山的精神與佛光人的風格,以所學所知所能,弘揚佛法,普記眾生,以光大我中華大乘佛教精神。

2. 生活有序

當沉寂的小鳥,在飽睡一宿,正想振翅迎接新的一日的開始時,板聲將學員們從床上喚起,時間是凌晨四時三十分,天色迷濛,卻是學生們一天作息的開始。五時正,排班上殿做早課;六時正,「若人欲了知三世一切佛佛……」的板聲響起,大眾進入齋房依序入位,向上問訊相對而坐。然後由維那舉腔唱供養咒,大眾端肅身心,食存五觀,捧碗如龍吞珠,持箸似鳳點頭,以食物來滋養色身,以

為將來弘法例生的資糧。飯後各組分別打掃自己所負責的環境區域，莊嚴道場，也莊嚴自己的菩薩，事畢，早晨的活動即告結束。

　　七時正，司鐘敲起上課鐘，展開一天的課業，直到中午十一時正，進用午齋。飯後，同學們自動自發的在廊下，慢慢的走步起來，一個接著一個，越接越多，漸漸的像一條長龍，原來他們在跑香。大師說：「跑香在佛門裡來講是訓練威儀的一項功課，所謂『行如風』便是跑香裡訓練出來的。」又說：「佛門中，有些人好靜，但太好靜卻如枯木死灰；有些人好動，但太好動難免流於輕浮，學佛之人要能動能靜，唯有動靜如一，才合乎中道。」跑香也是一天中重要的課程。跑香結束，個人回寮房養靜，以便下午繼續上課。

　　十三時三十分上課鐘響，緊接著下午的三堂課陸續展開，到十六時三十分是同學們最快樂的時光——課外活動，同學們可以選擇自己喜歡的球類，放懷地馳騁於運動場上，抒解一天的課業壓力，訓練健康的體能。在課外活動之後，還有一項讓人廣修福報的出坡時間，出坡項目包括：到全山各地砍伐薪柴，清除雜草水渠、採摘樹果等等。其中要以劈柴最饒趣味了，在科技發達的今天，仍然可以享受劈柴運水、一肩在挑的傳統叢林生活，中國佛教研究院的師生實在很有福報。

　　十八時正是藥時（晚飽），十九時正是晚自修，二十一時正是晚課，到二十二時，暮鼓聲把每位學生帶入了寮房，緊接著開始靜坐用功的時刻。隨著安板聲，大地漸漸進入夢鄉。

　　多年來佛學院學生的生活作息始終保持傳統的規定，五堂功課為必然的日課，一切生活起居以鐘板聲為訊號，另外為了培養學生良好的生活習慣，依據經律的要求、學佛行義、沙彌律儀等，再參

照該院至客觀環境需要，而訂定了「中國佛教研究院院規」，以作為規範學生身心的準則。

3.管理嚴格

星雲大師曾經說過本院學生，「思想可以自由，生活需要嚴謹」，從這句話中，可以知道該院的管理方針。佛學院的教育，是一天二十四小時全天候的，除了六小時的上課外，其餘十八小時的作息活動，則有賴師生依照既定的活動規範共同配合，善加運用。為了養成學生良好的生活習慣，除了外聘任課教師外，其餘教師均皆住在院內，負責輔導學生課業、指導學生持修、指正學生日常生活的偏失，譬如清晨四點半起床，如何以最迅速的方法整理內務及盥洗，排班出堂如何走路，早、晚課如何如法的跪拜唱頌，如何過堂吃飯，如何跑香，如何安排休閒活動，如何與人相處、灑掃應對，行住坐臥四威儀，如何才能如法不為等等，這些雖然都是細節，但是，在團體裡面，仍然需要嚴格要求，以養成學生主動、服從、負責的習慣；否則，縱有滿腹經綸，而生活隨便，不講威儀，又怎麼能師範人天呢？將來又怎麼弘揚佛法，教化眾生呢？所以佛學院不但重視深入經藏，課堂上義解的思想教育，更重視搬柴運水、作務實踐的生活教育。期為佛教訓練出解行並重，福慧雙修的優秀弟子。

4.獎勵制度

該院免收一切學雜費用，並提供膳宿，除此之外，該院成立以來，一直蒙各界人士長期提供獎學金，以獎勵成績優良之學生，資秉優異者，則保送至海外繼續深造，或於本山之研究部繼續研究。

5.自治與生活輔導

該院每星期舉辦一小時的班會，會中主席、司儀、記錄，皆由

學生輪流擔任，會中就生活行儀乃至學習上問題，由學生自由檢討，以培養學生自治的能力。

　　撰寫生活週記，是訓導處與學生溝通的主要橋樑之一。學生每週需用毛筆記敘，記載的內容包括「師長訓話、國內外大事的評論、讀書心得、生活記要、建議和感想等」，因為記述認真、誠實，訓導處可藉以瞭解到不少學生間的情況，掌握個別差異資料，進一步去解決學生在課業上的、生活上的各種困難。

　　佛學院的教育是解行並重的教育，解行並重的教育就是不僅注重知識的傳授，而且重視生活教育，而生活教育中，除了適度的執行院規，教師與學生做不定期的分別談話外，並空出學生自動自發的生活空間，以培養學生良好的品德、習慣和獨立自主的生活能力。「自助」福利社的構想即因此而產生。學院總務處將採購回來的文具日用品置於自助福利社，貼上價格表，讓學生自己選購物品自己付款，實施以來，金額不但沒有短缺，而且每月均有結餘。在解行教育中，另一項有意義的活動就是行腳。為效法古德行腳的優良遺風，藉以鍛鍊身心，培養毅力，以備日後擔當弘法歷史之重責大任，該院各級分佈，不定期的舉辦行腳活動，每次至少走三十公里以上，約需六小時。其成效可由七十六年本山開山二十週年，學院的學生皆能從台北走到佛光山，全程三十一天，六百公里的壯舉獲得明證。

　　在許多教育措施中，特別值得一提的是，「實質制度」的建立。在這種制度中，各種活動的籌劃和推行，都由學生自行負責，教師只居於輔導的地位。「實質監學」、「實習糾察」、「實習監院」、「教務助理」、「訓導助理」、「總務助理」等，都是在這種制度

下產生的。從這一措施中每一位學生所具有的才能，當他們身負重責時，心中所產生的興奮和榮耀，能促使他們在實習的過程中，充分發揮自己潛在的能力，而學院也可藉此有效地達到教育的目的，使他們在畢業後，行將獻身於弘揚勝教、教化眾生的工作時，人事部門可依據他們在學時的實習記錄，適才適任的分配工作，學生本身也能展現所長，不致有用非所長，造成人才浪費的流弊。

第六節　成果與貢獻

佛學院在過去的三十年間，每年申請入學的青年有增無減，學生人數由一班三十人增加到一個學年八班二三四人的規模，是本省創辦歷史最長久，擁有學生最多的佛學院。

學生從來自台灣各地，擴展到來自北美洲的美國、加拿大，亞洲的韓國、日本、印度、錫蘭、泰國、印尼、新加坡、馬來西亞、菲律賓、香港等地的僑生和異國僧侶。申請入學者的教育程度，從過去最高學歷高中程度，到現在的研究所畢業。但學生入學時，教育程度的高低，對其未來的發展，並無絕對性的影響。無論入學時教育程度如何，只要在院成績優異，均有計畫的派赴國外進修，或進入國內研究所研讀。而畢業的學生均能貢獻所學，從事教育、文化、慈善、弘法等事業。

民國六十六年八月四日，美國洛杉磯東方大學，由於對該院教育的深刻瞭解，校長天恩博士率有關人員，特由美飛來我國，親至佛光山與該院簽署共同宣言，締結姊妹學校，以加強兩校的合作教育。院長星雲大師更於民國六十七年獲得美國洛杉磯東方大學頒贈

榮譽哲學博士。典禮中，天恩博士致詞說：「星雲大師在佛教教育、文化、慈善等事業的成就，即是當今中國佛教界的第一人，除藉此機緣向大師表達崇高的敬意之外，更希望藉大師的力量，促進世界佛教徒間的友誼，共同為實現佛陀慈悲濟世的本願而努力。」

其次，美國奧克拉荷馬州立大學校長沃克博士，欽仰大師對佛教教育的貢獻，特於民國七十四年致贈紀念牌乙面，以示讚揚之意，該紀念牌款文如下：「星雲大德，佛光山佛教學院院長，『感激您對佛教教育的卓著貢獻。我們知道宗教教育是創造更進一步了解的基石』。」並籲請與該校進行交換學生及進行學術交流等活動。

另外，日本佛教大學附屬的台灣函授學校，於民國七十四年委託該院辦理該校在台灣的行政業務。如資格的審核、代辦考試、及日本教授來台授課時，負責聯絡，召集學生上課等事宜。

以星雲大師對佛教教育的奉獻及所付出的新血智慧，中國佛教研究院培養出不少的佛教青年，他們各從事於佛教的文化、教育、慈善、弘法寺務等工作，帶動了台灣佛教的蓬勃發展，為台灣佛教注入一股清流，過程可謂倍嘗艱辛，其貢獻更是深遠。

第五章　幼稚教育

第一節　慈愛與善導的佛光幼稚教育

幼稚教育之父福祿貝爾曾說：「在孩子小的時候，用很小的力量就可以做到的，到了後來，使用百倍的力量也做不到了。」由福氏此段話，可深切的感受幼稚教育的重要性。我們不能認為兒童還小，沒有學習的能力，就對其放任，不加以教育，其實愈小的兒童愈需要教育。王靜珠（1992）提到幼稚教育的重要性，特別由四個面向切入：

1. 對於個體發展的關係：有許多的生活習慣、經驗都是在幼兒時期就已經養成，所以在幼兒期如何培養正確的習慣態度，對幼兒未來的發展來說，相當重要。「你雖然不滿意父母的管教方式，但你有百分之八十五管教方式是遺傳自你的父母」，此段話說明父母親對我們影響的深遠，但父母親教育幼兒的方法多是口耳相傳、經驗、父母親教導等，但其中的觀念不一定正確，所以需要與幼稚教育相輔相成，互相協調、協助，才可使幼兒正確發展。

2. 對於家庭的關係：家庭是幼兒最早接受教育的環境，也是幼兒成長的環境，幼兒在家庭中學習語言、文字、民族風

俗、生活習慣、生活知能，所以家庭教育對於兒童未來的發展佔有相當重要的影響。我們都知道教育幼兒的重要性，但有些父母因為社經地位較低，所受的教育有限，所以就需要藉助專業的幼教機構協助，來教育孩子，所以幼稚教育其實也就是家庭教育的延伸。希望藉由健全的幼教，幫助幼兒健全的發展。

3. 對社會國家的關係：兒童是國家未來的主人翁，所以應培養兒童正確的觀念、良好的生活習慣、健全其身心健康、給予充分活動強健身體，為兒童未來作人處事奠下完整的基礎。幼稚教育對培養健全國民有相當助益；而唯有健全的國民才有安定的社會、富強的國家。

4. 是國民教育的基礎：凡是受過正常幼稚教育的兒童，因其已經歷過團體的生活，有與同學、師長相處互動的機會，所以在禮儀、習慣、態度上皆多表現優良，且較不易發生膽怯、適應不良的問題，所以幼稚教育如設計得當，將成為國民教育的基礎。

幼稚教育對於兒童未來的發展是否順利、家庭的關係、國家的發展、往後的教育都有相當的重要性，不可輕忽。佛光山的教育理念，從幼稚教育、中學教育到大學教育，本著佛陀慈悲濟世的胸懷，都同等的重視。星雲大師鑑於教育需由從往下紮根做起，故相當重視幼兒教育的推展，先後在宜蘭及高雄設立兩所幼稚園，更於民國七十四年成立「佛光山幼稚教育發展中心」，對幼稚教育作整體性的規劃與研究發展。目前佛光山轄有五所幼稚園，分別為宜蘭雷音寺慈愛幼稚園、台南福國寺慈航幼稚園、善化慧慈幼稚園、新營小

天星幼稚園、佛光山普門幼稚園等，辦學績效優良，常獲教育當局獎勵。

四十年來，有近十萬名結業生。有的已經長大成人，並各有所成，有的在國內外，分別就業於政經軍教、士農工商各行各業，有的嶄露頭角，有的默默耕耘，竭盡己能為社會、國家、佛教貢獻他們的心智和力量。

星雲大師為推展學前教育，增進兒童身心健康，啟發兒童智能，以奠定國民教育之基礎，乃於民國四十五年在宜蘭弘法時創辦「慈愛幼稚園」。由慈惠法師、慈容法師和慈嘉法師負責校務的推展。於民國四十六年獲准立案，慈惠法師擔任第一任園長，秉持大師創園宏願，綜理園務。

五十年來，本園不論在教學上、設備、師資都努力的朝現代化邁進。民國七十年為擴大園務，乃斥資千萬餘元興建幼保大樓為新址。為求園務發展更臻理想，乃於七十三年經董事會通過申請財團法人登記，成為宜蘭縣第一家辦理財團法人立案的幼稚園。

善化慧慈幼稚園由依詮法師負責規劃工作，儘量善加利用所有的空間，設置更多項的幼教設備，使園童之身心得以正常健全的自然發展　，並不定期的舉辦親職座談會，與家長溝通幼教的觀念，傳遞正確的幼教觀念。使一般的家庭都能重視幼兒教育，更使每一位幼兒都能受到合理有效的幼兒教育。

民國六十五年，在台南創辦慈航幼稚園，二十餘年來，不斷地在設備、師資方面追求卓越，以求適應、符合時代的潮流，切合實際需要，循序漸進，以求因果並重，形實兼顧。普門幼稚園本由大慈育幼院所兼辦，但因後來普門中學附設幼保科的因素，乃由七十

年改由普門中學兼辦，於民國七十三年獲高雄縣核准立案。

第二節　幼稚教育的理論基礎

　　福祿貝爾（F. Froebel）被尊稱為幼稚教育之父，蒙特梭利（D. Montessori）教學法為許多幼稚園所標榜，盧梭（J.Rousseau）、裴斯塔洛齊（J. Pestalozzi）、康美紐斯（J. Comenius），甚至發展心理學的皮亞傑（J. Piaget）等人都對於幼稚教育發展有著相當重要且卓越的貢獻，這些西方幼教學者的理論與實踐，均可提供佛光山課程規劃與教學教法一份參考。

　　康美紐斯（J.Comenius）從反封建、反教會的立場出發，企圖建造一個和平主義與普遍存在人類的知識體系。他致力於教育學的建立，開拓近代教育之道。康美紐斯出生於捷克，其在教育方面最大的貢獻，就是在 1632 年出版其代表作《大教育學》（Great Didactic），對於近代教育學理論的奠基有相當卓越的貢獻。

　　康美紐斯在教學方面，大力提倡感官教學，其在《大教育學》中提到：

> 取代死課本，為何我們不打開活生生的自然課本呢？教導學
> 童不是重複一堆字、片語、句子，以及許多作者的意見，將
> 之灌輸在學童的腦海中；而應該透過對實物的瞭解來開啟他
> 們的心靈。所有知識的基礎，建立於把可感覺之物正確的反
> 應在吾人感官上，則這些可感覺之物就可以輕易的被瞭解。
> 我認為這些就是吾人進行其他活動的根底。因為吾人未明白

所言所行前，是不可能言明理智的。現在可以確認的一件
事，乃是我們的瞭解，沒有一樣不先透過感官，因此他是所
有智慧、口說、善良、謹慎等行為的基礎。小心的訓練感官，
明辨自然物的差異，這一點，這一重點卻被今日的學校所忽
略。今日學校提供學習的材料，學生並不明白；因為這些教
材，並非恰當的經由感官予以認識或在想像中予以瞭解。這
是這個原因，一方面使得教學枯燥乏味，一方面使得學習相
當痛苦。我們所應提供學生的，不是物體的影像，而是具體
物本身。這才能增加感官印象及想像力。教學始自對於實務
的觀察，而非僅及於實物的文字。

~Compayre，1900:133 轉引 林玉體

　　由此可知康美紐斯對於實物教學的重視，此觀念也對於後續學
者所提出的實物教學法、感官教學法有相當重要的影響。康美紐斯
這段話相當強調經驗的重要性，也對於後續的進步主義哲學思潮產
生影響。進步主義者強調經驗的重要、知識的價值是相對的、強調
「由做中學」、學生本位等觀點；進步主義思潮對於二十世紀美國
的教育產生很大的影響，最後因為被批評造成教學品質的低落、學
生素質偏低、缺乏基本能力，漸漸式微，進步主義的代表人物為杜
威（John Dewey，1859-1952）、詹姆斯（William James，1842-1910）、
皮爾斯（Charles Pierce，1839-1914）。

　　康美紐斯除了提出對於感官教學的觀點外，還提出了兒童教育
的計畫。康美紐斯依據兒童發展的過程順序，提出以六年為一階段
的教育計畫：1.母親學校 2.國語學校 3.拉丁學校 4.大學。「母親學

校」教導出生至六歲的兒童，母親就是教師，家庭就是學校。這一
階段的教育是以訓練外感官的方式，來訓練兒童，使兒童得以認識
實物。其實「母親學校」所教導的就是生活教育，生活教育的內容
豐富，使孩童得以瞭解許多的事務，康美紐斯認為孩童應該瞭解、
具備百科知識。此一階段就是我們現在的家庭教育、幼稚教育。康
美紐斯早在十七世紀就有幼稚教育的觀念，強調幼稚教育的重要，
實有遠見。

　　康美紐斯不僅對於幼稚教育有相當精闢的見解外，舉凡教育目
標的確立、學校課程的安排、教材教法的改進，均有其具體的貢獻，
不愧為偉大的教育家。康美紐斯卒於 1670 年，著有《大教育學》
（Didactica Magna）、《光明之路》（Via Lucia）、《語文入門》
（Janna Linguaram）、《事務圖形》（Obis Pictus）及《幼稚的學
校》（The School of Infancy）。

　　盧梭（J. Rousseau）1912 年生於自然風景甲天下的瑞士，盧梭
對於教育提出許多創見，是改變教育趨勢的學者，是扭轉教育乾坤
的人物，被稱為「教育的哥白尼」。盧梭不僅在教育上有傑出的成
就，其在政治上也有傑出的成就。盧梭所著的《民約論》（Social
Contract）對當時的法國大革命有相當重要的影響。

　　總的說來，盧梭的教育理念就是兒童本位，提出此一論點對抗
教師本位、成人本位、知識本位的觀念，且應瞭解兒童智力、能力、
興趣、需求、性向，順乎自然，使兒童發展天生的稟賦；其次給予
身體充分的活動，再則重視兒童個性，個別差異，以俾能因材施教，
開發人類的潛能。

　　雖然有人對於盧梭的教育理念提出批評，認為盧梭以兒童為本

位的觀念只重個性的發展，而不注重群性的陶冶；忽視了社會文化的遺產等，但盧梭的教育理念仍受到肯定。盧梭的教育觀念也對後來的教育大師杜威產生深遠的影響，乃至於英國尼爾所創辦的夏山學校，我國的森林小學都受到盧梭教育理念的影響。

　　我們探討盧梭兒童教育的觀念時就不能不提到其名著《愛彌兒》（Emile），盧梭更把他「自然教育」具體說明在《愛彌兒》一書中。《愛彌兒》一書共分為五篇，第一篇是嬰兒期（infancy）：從初生到兩歲，此階段以「會說話」為分界線；第二篇是兒童期（childhood）：三歲到十二歲，這時期以感官的發展為主，進行知識及道德方面的灌輸；第三篇青年前期（preadolescence）：十二歲到十五歲，此期的特徵嗜好期，生理特徵是精力旺盛；第四篇是青年期（adolescence），十五歲到二十歲，青年期是正式教育的開始時期；第五篇是女子教育。在《愛彌兒》一書中，有很多的觀念在現今並不適宜，例如〈女子教育〉一篇中就有許多令「女性主義者」為之氣結的觀念，但在當時的時空背景下，盧梭的教育觀念已經誠屬不易，所以筆者仍將就《愛彌兒》內容進行探討，以幫助我們瞭解幼稚教育觀念的演進。

　　盧梭認為在兒童出生到五歲的階段，兒童的父親扮演教師的角色，母親就是保姆，教育的第一要事便是注意兒童的健康。所以妨害兒童身體發展的、限制兒童心靈自由的、違反兒童天性和慾望的、超欲兒童認識能力的，不管是屬什麼事務，都不宜有，更應反對。兒童應該由自己的母親哺乳，且應該多接觸大自然，多做戶外活動，使兒童健康強健，如兒童的身體健康強健，其品格一定優良。

　　以往的教育為有閒階級的活動，因此只有有錢或上層社會人士

才能享受教育機會，平民無法接受教育。直至十八、十九世紀，平民教育才產生。在提倡平民教育的過程中，不乏其人，但如裴斯塔洛齊（J. Pestalozzi）般精神感人的，且影響深遠者稀矣，所以裴斯塔洛齊被尊稱為國民教育之父、平民教育之父、小學教育之父、孤兒之父，其死後後人讚其為「人中之神，神中之人」（王靜珠，1992）❶。

　　裴斯塔洛齊最為人所稱道的就是其擁有無比的「教育愛」，盧梭雖對於教育方面提出許多震聾發聵的理念，但是盧梭所談教育的對象仍是停留在貴族階級，並未將教育的機會普遍擴充到社會各階級，將教育的機會提供給平民階級。裴斯塔洛齊認為教育應該是全民教育而非貴族教育，所以裴斯塔洛齊極力主張將教育機會擴充到社會各階層，且以身體力行。所以「教育愛」是指關切那些被我們社會所遺棄、鄙視、忽略的孩子。我們常常將關切的焦點放在優秀學生身上，而忽略了那些真正需要我們給予幫助的弱勢學生。裴氏認為需要讓那些弱勢的學生享受到教育的恩澤，享受教育的好處，

---

❶　裴斯塔洛齊於 1746 年生於瑞士。裴斯塔洛齊與盧梭同一祖國，都是瑞士人。盧梭幼年喪母，裴氏幼年失父，無父者較無母者較為幸運。裴氏母親富有熱情，充滿幻想，1751 年成為寡婦後，即全力照顧三位子女。由於愛憐呵護過般，裴氏不善遊玩，也無兒童搗蛋習慣，更不會亂跑亂跳。因太受母親影響，因此性格帶有女性化傾向。在他一生中的感性生涯及悲天憫人胸懷，並肯定婦女及家庭教育的重要性，都由童年生活奠下根基。裴氏生平著有《隱士的黃昏》（The Evening Hours of A Hermit）《李昂納與葛殊》（Leonard and Gertrude）、《葛殊教學法》（How Gertrude Teaches Her Children）等書，於 1872 年去世。

經由教育的過程中，提供給這些弱勢的學生們向上流動的機會，以達到社會公義，進而達成改造整個社會的理想。

裴斯塔洛齊深受盧梭的影響，甚至利用《愛彌兒》書中的內容來教育自己的孩子，並將他訓練自己孩子的過程記錄下來，裴斯塔洛齊此種研究方法，就是後來為研究者所採的縱貫式發展研究法。裴氏一生為了貫徹自己貧民教育（平民教育）的理想，而至於流離失所，在所不惜。

福祿貝爾（F. Froebel）1782 年生於德國，福祿貝爾與盧梭、裴斯塔洛齊一樣都早年失親，福氏出生不滿周歲，其母即見背，由嚴父與苛刻的繼母扶養成人。福祿貝爾具有宗教家、萬有神論者、生物研究者的背景，即教育理念深受到盧梭與裴斯塔洛齊幼教理念的影響。

裴斯塔洛齊將教育的對象由貴族階級拓展到平民階級，更將教育的對象指向孩童。福祿貝爾則是將教育對象的年齡更向下延伸，認為三歲的孩童也應該接受教育，但是三歲的孩童其所受教育，與其他年齡階層所受的教育有所不同，福氏所指的教育就是幼稚園教育。福祿貝爾以花草喻兒童，以園丁喻教師，以花園喻學校。學校是兒童成長的園地，教師像是懂得培養花木的園丁，福氏乃將幼兒學校定名為「幼稚園」（Kindergarten）。

福祿貝爾所著《人的教育》（Die Menschenerziehung; The Education of Man）一書中，清楚的指出幼兒教育的重要性。他說：「罔顧早期，尤其是最早期發展接續的價值，則教育兒童的教師都將感到有無法克服的困難。早期發展與其後續發展相關連。成人與兒童都應該知道，任何努力，都不過是在發展該階段所應發展的事

項而已。如此，則每一後續階段，就好比一棵健壯的枝芽萌發一般，在該階段中他又以相同的努力來完成此一階段的發展任務。每一個人只有在當他前一階段獲得足夠的發展之後，他才能在爾後的階段帶來足夠的發展。」（Ulrich，1968 轉自 林玉體，1997：351）上述的一段話就是福祿貝爾幼稚教育的觀念，這些幼教的觀念都被應用在其所創辦的幼稚園中，這些觀念包含：

1. 自我活動（self-activity）：福氏承認兒童有潛在的神性，因此將此一神性予以開展，乃幼稚教育的首要功能。
2. 遊玩（play）：遊玩是兒童的生命，佔兒童期相當重要的角色，禁止兒童遊玩，等於剝奪了兒童生命，此一觀念對於幼稚教育課程的編製相當重要，也就是所謂的遊戲課程。
3. 恩物（gifts）：長輩送給兒童的禮物，包含教育與遊戲的功能，此一恩物教學法為福氏相當著名的教學方法。
4. 手工活動（handwork）：福氏注重兒童手工活動，不僅給兒童感官訓練，透過手工活動激發兒童內在神秘的創造力，也給予兒童一技之長。

福祿貝爾不僅對於幼稚教育有相當的成就，福祿貝爾在教學教法方面也有相當的貢獻。教學八原則為：準備原則、類化原則、自動原則、興趣原則、個性適應原則、社會化原則、熟練原則、同時學習原則，其中自動原則就是福祿貝爾所首先提出。教學是老師的責任，學習是學生的責任，是學生自己的事情，教師不能代替學生學習；學生如不積極主動去學習，將視而不見、聽而不聞、一無所得。所謂自動地積極反應，除身體器官的動作外，尚含心理上的反應。

　　孔子「不憤不啟，不悱不發，舉一隅不以三隅反，則不復也」這一段話就是使用啟發教學法，強調學生自動的學習原則。此一自動原則，對於自學輔導法、設計教學法等教學法都有相當影響。我們經常可以看到許多幼稚園都標榜著「蒙特梭利教學法」，蒙特梭利教學法常是我們對於蒙特梭利的第一印象，蒙特梭利（D. Montessori）1870 年生於義大利，由於蒙氏天資聰穎，且為獨生女，為父母所寵愛。蒙特梭利為受過新教育的女性，為義大利第一位女性醫學博士。由於蒙氏曾經任職於羅馬大學精神療養院的助理醫師，負責兒童的診療工作，所以蒙氏也對心力殘缺的兒童相當注意，也對於低能兒童的教育產生興趣。蒙氏在研究低能兒童有相當傑出的研究成果，進而對於一般兒童教育也產生興趣，乃至於提出「蒙特梭利教學法」。楊荊生（1994）將「蒙特梭利教學法」定義為：依循著蒙特梭利的教育哲學，使用蒙特梭利式的教具，經過蒙特梭利式的師資訓練，自成一格蒙特梭利模式的教學。蒙特梭利式教學是指凡秉持蒙特梭利精神，有意朝向蒙特梭利教學模式發展或以全部、部分採用蒙特梭利教學模式者，彼等的教學稱為蒙特梭利教學模式。蒙特梭利教學的理念以引發兒童自我活動為目標，設計合宜兒童使用的尺寸的環境設備，以及多種多樣，具系統性、序列性的感官運動教具。蒙特梭利教學法除了感官教具的使用外，有三個特點（翁麗芳，1998：23）：

　　1. 規劃周到的環境：蒙特梭利的「兒童的家」（Casa dei bambini）是為孩子特設的，適合兒童自然本性的人為環境。蒙氏主張兒童學習環境大至「兒童的家」整體，小至其中每一件的教具，都是為了開展兒童無限的潛力所精心設計。

2. 自動教育：「兒童的家」是孩子喜歡的設計，有孩子可以隨意移動的設備。以自由自在的姿勢，選擇各種教具進行操作活動。不必大人的叮嚀，孩童可以在無意識情形下，完成敏銳的感官識別力訓練，且使得兒童的身體獲得充分的活動，獲得肌肉調整的能力，進而促進其直觀能力的發展。此一直觀能力的獲得，與盧梭所提倡的直觀教學、裴斯塔洛齊的實物教學法具有相同的理念。

3. 不干涉學習的教師：「兒童的家」是以孩童為主的環境，但是教師的角色仍相當重要。孩童初次接觸與一般經驗完全不同的「兒童的家」時，教師的角色是指導者，引導孩子靜坐，接觸環境，引發學習的興趣；在孩子進入狀況後，教師便必須退隱為被動的守護者，但是要敏銳的觀察孩子內在的狀態，適時予以回應。

上述便是「蒙特梭利教學法」的內涵、特色，筆者將蒙特梭利教學法與傳統教學法的異同列在表一，以方便瞭解。

蒙特梭利對於幼稚教育有許多的貢獻（楊荊生，1994：6），其發現了幼兒心智能力與發展、對傳統的幼兒教育提出反省與批判、促使教育學的科際整合、呼籲透過幼兒教育改革進行社會的和平改造，對於幼稚教育理論的奠定，貢獻卓越。

表一：蒙特梭利式教學與傳統教學比較表

蒙特梭利式教學	傳統式教學
以「自我人性化」為動機的根源	強調等第、分數或社會順從。
不分年級也不依年齡分組，每班包括二至三歲不同年齡的幼兒。	幼兒依實足年齡分班，每班均為相同年齡的幼兒。

學生利用桌椅或自由的在地板上工作，有運動的自由。	大部分時間學生坐在教室中聽課。
幼兒個別或在小團體中，即在不同的學習環境中，追求自我進度的課程。	以班級為一團體，在同一時間學習同一科目。
幼兒直接與環境接觸，讓幼兒有自然、感覺與文化的經驗。二至三歲不同年齡的幼兒。	幼兒受教於「真理的媒介」——教師與符合社會的價值。同年齡的幼兒。
允許幼兒作長時期的無價之寶的專心。	班級的功課表限制幼兒的參與時間。
幼兒很少受到干擾或被打斷。	幼兒常受到鈴聲與成人的打岔。
六歲以前幼兒可發展重要的認知。	幼兒的認知發展延遲到小學一年級。
幼兒有多種感覺與彈性的寫讀機會。	幼兒是基礎的學習者。
幼兒向同伴學習，自我矯正錯誤，教師的角色是一位輔導員。	教師與社會矯正學生的錯誤。

（資料來源：歐倫 R.C.OREM，1971：28；許惠欣，1991：259-260；轉引自楊荊生，1994：6）

　　皮亞傑（J. Piaget）對於近代發展心理學的發展有相當大的貢獻，對於發展心理學的研究最有權威，為心理學研究的巨擘。皮亞傑 1896 年出生於瑞士的 Newchatel，自幼聰明過人，在十歲的時候就發表其第一篇關於鳥類生活的論文，當時被譽為科學神童，十一歲至十五歲時兼任當地科學館助理，皮亞傑對於軟體動物特感興趣，十八歲從 Newchatel 大學畢業，二十一歲時得到自然科學的哲學博士，在獲得博士學位之前，皮亞傑已經發表過二十篇以上的生物學論文。

　　皮亞傑會由生物學的領悟轉而研究心理學，是由於哲學的轉介，哲學上知識論的理念，引起皮亞傑以生物學科學的方法探究人

類求知歷程研究的興趣，在獲得博士學位之後，皮亞傑遍訪歐洲著名的心理學研究機構，對於當時法國流行的智力測驗特感興趣；皮亞傑興趣者並非兒童答對題目而定智力的高低，而是發現兒童答題時的內容及不符合成人思考時的邏輯，皮亞傑認為兒童思考的歷程和成人不同，兒童使用不同的知覺看世界，兒童用異於成人的方法獲得知識。因此皮亞傑強調，「欲期教育兒童，必須先瞭解兒童」，此後皮亞傑的一生從事研究兒童心理發展的研究。

從 1929 年進日內瓦大學的盧梭研究中心，到 1940 年擔任盧梭研究中心的主任以後的四十年，對兒童認知研究與道德發展始終不懈。皮亞傑的認知心理學研究，被稱為「認知觀的革命」，在 1930 年即盛行於歐洲大陸，到 1950 年到終為美國所接受（張春興，1989）。

皮亞傑所提出的認知發展論（theory of cognitive development），對於幼稚教育工作者助益頗大，此理論認為兒童的認知發展需要經過四個時期：1.感覺運動期（0-2 歲），個體是靠感覺與運動來認識世界。2.前運思期（2-7 歲），個體開始運用簡單的語文符號，從事思考工作。3.具體運思期（7-11 歲），個體能按照具體事例，從事推理思考。4.形式運思期（11 歲以上），個體可以擺脫具體事例的限制，能做抽象的思考和推理工作。

以上四個時期的順序是不可錯置的，需先經歷感覺運動期，爾後發展到前運思期、具體運思期，最後是形式運思期。但這四個時期並不能使用年齡截然劃分，年齡只是提供我們參考的指標而已。Piaget 所提出的認知發展論，對於幼稚教育工作者瞭解兒童的心理狀況，以採用適宜的教學方法、教學內容，有相當顯著的幫助。

皮亞傑又自發展認識論（Genetic epistemology）的觀念出發，將兒童道德判斷的發展劃分為三期：

(一) 無律期（Stage of anomy）：

1. 約在四、五歲以前的兒童，為「自我中心時期」（Egocentric stage），道德意識尚未發展，或僅在萌芽階段。

2. 主要特徵：

(1) 此期兒童的行為，只是一感官動作的反應，而無道德意識可言。

(2) 此時人我不分，人境混合，尚無「物品所有權」的觀念，對人際關係模糊不清。

(3) 此期的行為，稱為前道德期的行為（Pre-moral control）。此時的行為，與道德價值或行為規範似乎均無關涉，也可稱為「價值中立」（Valuefree）的行為。

(二) 他律期（Stage of heteronomy）：

1. 兒童自五足歲左右至八、九歲，逐漸進入他律的道德判斷及道德意識時期。

2. 主要特徵：此期兒童以「道德現實」（moral realism）的觀點來決定行為是非善惡，服從規範而不敢有所逾越，注重行為的具體後果而顧行為的動機與意向，片面尊重成人權威，不能做自主的道德判斷。

3. 這種外在的規律和約束，在兒童們視之，都高高在上，超越一切，故皮氏又稱此一時期為超越期（Trandcendental stage）。

(三) 自律期（Stage of autonomy）

1. 皮氏認為，兒童至九足歲以後，道德意識逐漸成長，慢慢的能以自己的理智去作道德的判斷。

2. 主要特徵：此時期的兒童對於學校或社會的各種規範，已能重新估計並作合理的修定，有選擇的接受，並從行為的動機來判斷行為的好壞，且以相對的關係作平等互惠的道德推理，而不盲從權威。

3. 至此，若兒童能步入道德規範的「自為立法、自為執行與自為審判」，則道德發展可謂已成熟了。

皮亞傑從事兒童發展的研究已達五十餘年，出版書籍三十多冊，發表論文超過百篇，獲得歐美著名大學頒贈榮譽博士學位達十四個，被譽為發展心理學的巨擘，教育研究的開路先鋒。皮亞傑在心理學上卓越的貢獻，可與佛洛伊德相提並論；其對教育的貢獻，則與蒙特梭利相互輝映。皮亞傑於 1980 年逝世，享年八十五歲，為心理學一代泰斗。

由上述人物的敘寫，讓我們瞭解到幼稚教育理論日漸充實、豐富引進，先是有康美紐斯提出幼兒教育的概念，乃至於盧梭提出了幼兒教育的基本原則信念，再經過福祿貝爾、蒙特梭利努力耕耘，幼稚教育根基於是確立，近來輔以皮亞傑所提出一些心理學理論的觀念，幫助幼稚教育工作者可以更加確切的瞭解、掌握幼兒的心理狀態，上述等人對於幼稚教育理論的建立有相當重要的貢獻。將各人的理論觀點作一重要摘述於下表，以幫助瞭解。

表二：重要貢獻者

提出者	重要貢獻
康美紐斯	1. 首先提出幼兒教育的觀念。 2. 著有《幼稚的學校》，提出許多幼稚教育的理念。

盧梭	1. 主張兒童教育應順乎自然，以「兒童為本位」。 2. 著有《愛彌兒》對後世影響深遠
裴斯塔洛齊	1. 教育愛的提倡者、實行者。 2. 首倡平民教育、貧民教育。
福祿貝爾	1. 設立了第一所幼稚園，為幼稚教育之父。
蒙特梭利	2. 建立「蒙特梭利教學法」，科學幼兒教育的誕生。
皮亞傑	1. 認知發展論。 2. 幼兒道德發展的三個階段。 3. 提出道德發展的階段，對幼兒道德教育有重要幫助。 4. 提出「想瞭解兒童，就必須蹲下來和他們一起嬉戲」的重要幼兒研究觀念。

（資料來源：筆者自行整理）

　　佛光山推展學前教育四十年來不遺餘力，以人間佛教的熱誠為基礎，以中華人文教育的教學與教法為實踐，若能再輔以西方幼教的理論與經驗，則星雲大師為增進兒童身心健康，啟發兒童智能，以奠定國民教育之基礎的美意就能盡善盡美了。

第三節　教育宗旨與目標

　　我國幼稚教育法第二條對於幼稚教育的範圍有明確規定：「本法所稱幼稚教育，係指四歲至入國民小學前的兒童，在幼稚園所受之教育」。我國目前現行的義務教育年齡六歲到十五歲，也就是目前我國現行的義務教育只在國中小階段，為九年國教，目前十二年國教的教育政策屢被提出，十二年國教的教育政策即將付諸實行。也就是說，幼稚教育目前並未在義務教育的範圍內，兒童是否接受幼稚教育，皆由家長決定，但隨著社會環境的不斷變遷，幼稚教育的需求愈來愈強烈。雙薪家庭愈來愈多，由於工作的關係，無法親

自照顧年幼的子女，所以幼稚園的地位就愈形重要；「多子多孫多
福氣」的觀念漸漸轉淡，一個家庭大多只擁有一到兩個小孩，所以
父母親對於子女的期望更形加深，故幼稚教育的入學率與日遽增。

目前幼稚教育並不在義務教育的範圍內，但隨著家庭社經水準
提升、雙親期望加深、政府的利多政策（萬元教育卷）幫助下，幼
稚教育將受到更多的重視，相對的，幼稚教育所擔負的責任將更吃
重。

我國幼稚教育法第一條便開明宗義揭示：「幼稚教育以促進兒
童身心健全發展為宗旨」（游美貴、林文懿，1998）。在幼稚教育
階段，我們所要求並非要兒童學會幾種語言、具備多少種能力，而
是希望兒童具備健全的身心，得以順利的發展，為將來的發展奠定
良好的基礎。幼稚教育法第三條對於幼稚教育的教育目標有清楚陳
述，幼稚教育法之實施，應以健康教育、生活教育及倫理教育為主，
並與家庭教育密切配合，達成下列的目標：

　　1. 維護兒童身心健康
　　2. 養成兒童習慣
　　3. 充實兒童生活經驗
　　4. 增進兒童倫理觀念
　　5. 培養兒童合群習性

在幼稚教育法第三條中，對於幼稚教育階段所應該達成的教育
目標有清楚的揭櫫，助益我們清楚瞭解在幼稚教育階段應培養兒童
正確的觀念、習慣，充實兒童的生活經驗，健全兒童身心健康。

比較各重要國家幼兒教育的目標，可發現各國教育目標與國家
的歷史環境、背景有相當緊密的關係，如日本幼稚教育目標強調團

隊精神，俄羅斯就強調對領袖的遵從、強健的體魄，和其國家特性相當一致。

表三：各國幼稚教育目標

國家	幼稚教育目標
美國	1. 保育幼兒身體健康 2. 利用直接環境，激發幼兒的求知好奇心，並於其成熟程度範圍內，鼓勵其獨立的思考與行動。 3. 發展語言模式與表達思想的能力，培養敏銳的感覺與正確簡明的語法。 4. 指導控制情緒的方法，培養良善的社會態度，期養成適應兒童團體生活的優良習慣。 5. 繪製簡易美術圖形，藉以激發幼兒的審美興趣，建立一種審美基礎。
英國	1. 鍛鍊體格。 2. 培養良好習慣。 3. 發展幼兒個性。 4. 訓練幼兒說話與聽話的能力。 5. 供給活動與遊戲的機會，認識較多的事物，增進生活知識。
法國	促進幼兒的身體、道德和智慧的良好發展，以及注重幼兒的禮貌、誠實、守紀律等良好習慣的養成。
德國	促進適於幼兒年齡之生理、情緒與心理的成長，並使體認社區生活。
日本	1. 為謀健康安全的幸福生活，需養成日常生活的基本習慣。 2. 使兒童在幼稚園內，度集體生活，以養成團體生活的習慣，及合作自立的精神。 3. 養成社會生活及自然現象之正確理解與興趣。 4. 訓練語言的使用方式，以養成對於童語畫本的興趣。 5. 利用音樂、遊戲、圖畫等方法，培養創作發表能力。

俄羅斯	1. 保護幼兒的身體健康,每日供給食物三至四次,並予多種戶外活動。 2. 發展幼兒的語言、意志、品格與理解力。 3. 養成幼兒獨立、整潔及正確的習慣。 4. 培養幼兒對成人與同伴的適當態度,使尊重長上及敬愛父母。 5. 激發幼兒對於蘇聯祖國及其人民、領袖、紅軍及人民英雄的敬愛態度。

(資料來源:參考蔡秋桃,筆者整理)

第四節　課程內容

　　幼稚教育課程內容可分為七大領域:1.健康 2.知覺與動作 3.語文 4.科學與數學 5.音樂 6.工作 7.社會與情緒。此七大範圍所提示的教育內容,乃是為了充實幼兒的生活經驗,擴充幼兒的知識與能力,培養幼兒良好的生活習慣,增進幼兒良好的人際關係,以奠定幼兒健全的人格的基礎,達成我國幼稚教育的目標(蔡秋桃,1992:65)。

　　由於遊戲是幼兒主要的學習方式,因此應以遊戲貫穿全部的課程,亦即以遊戲為課程的核心,使教學生動活潑。幼稚教育的課程可分為七大範圍,但並不代表這七大範圍的課程是相互獨立、沒有關連的。相反的,這七大範圍的課程彼此間都有相當密切的關聯,編排活動時應注意到課程範圍間的相互聯繫,同一範圍中的課程活動間的統整協調,重視課程橫向聯繫與縱向統整,使課程的設計更為完善。

　　幼稚教育課程編製類型約可分成三大類,為分科課程、廣域課程、活動課程。

1. 分科課程（subject curriculum）：以科目為單位的傳統課程，如國文、英文、歷史、地理、數學等科目。

2. 廣域課程（broad-field curriculum）將課程分為幾大類進行學習，而非分成許多科目。如美國廣域課程的分法。為社會（social studies/social living）、語文（language arts）、自然科學（science studies）、普通技藝（general arts）、健康教育（health and physical education）。

3. 廣域課程教學法後來被稱為「五指教學法」。五指教學法是將社會、自然、藝術、語文、健康當作五指；將常識、遊戲、工作、故事、音樂等科目並為五項，而且把五項都聯絡起來，併成一個單元。

4. 活動課程（activity curriculum）。活動課程為教育學大師杜威（John Dewey）所提倡，活動課程是以兒童的生活為課程的內容，以兒童的興趣、需求和能力為編造課程的出發點；以兒童的活動為學習的方法，由兒童自己從直接經驗中去解決其切身生活的問題，而不採用分科學習的方式。

以上三種教學法各有其優缺點，乃將其優缺點分述於下表：

課程類型	優點	缺點
分科課程	各科分類學習可以專精，學生程度因此提高。 教材在事前精選，可以擷取民族文化的精華，以論理的組織，便於教師教學。	分科課程易與實際生活脫節。因為教材的分科組織，乃是學術分科研究的結果，與實際生活的應用不相符合。 學生學習較無興趣。學生為教材而學習教材，無明確學習目標。

廣域課程	課程間相互統整，而非片段分離。	此種教材僅可以視為教材的聯絡，是以教材為中心，非以行為為中心的課程。
活動課程	學生學習興趣濃厚，無須強迫學習。 兒童所獲得的是活的經驗，而非死的知識。	兒童不能獲得有系統的知識，各種基礎生活技能也無法做系統的練習。 課程無法預先設計，不能事先計畫，故實施困難。

（資料來源：筆者自行整理）

　　兒童是國家未來的主人翁，這句話雖然已是我們相當熟悉的話，不會引起我們相當大的悸動與好奇，但這句話所陳述的事實確是不可抹滅的，那就是幼稚教育的重要性。也許有人會認為幼稚教育工作者的工作只是擔任保姆的工作，充其量只是照護的工作，並沒有任何教育專業可言。但這些觀念是因為批評者對於幼稚教育並沒有清楚的瞭解，筆者以上對於幼稚教育理論體系的描述統整，將幼稚教育的法令規範、理論基礎、課程內容、受教對象做清楚陳述，相信可以增進對於幼稚教育的瞭解，相信對於幼稚教育缺乏教育專業的誤解應會減少。

　　佛光山體察幼稚教育的重要性，乃設立幼稚教育發展中心從事幼稚教育研究與發展工作，協調統整五所幼稚園，使下轄的幼稚教育體系水準整齊、不斷的求新求進，所以在幼稚教育的專業方面，不論幼稚園的硬體建設，乃至於幼稚園的課程設計、教學方法、教育愛、教育熱誠，當有相當優秀的表現。

　　佛光山所創辦的幼教體系，不僅在幼教專業專精外，更值得一提的就是佛光山所強調的宗教精神，對於兒童心靈的薰陶。幼稚教

育法第三條明白陳述幼稚教育的目標為維護兒童身心健康、養成兒童習慣、充實兒童生活經驗、增進兒童倫理觀念、培養兒童合群習性。可知到幼稚教育階段所要求的並非要兒童學會高深的學問，在幼稚教育階段，所求的就是兒童身心的健全發展，為未來的人生發展奠定基礎，可知心靈教育、道德教育在幼稚教育階段的重要性。佛光山所辦理的教育體系都秉持著實現人間佛教、「慈悲」的善心，在平時的生活中，對於兒童產生潛移默化的影響，對其正常人格、良好道德的發展奠下深厚的基礎。

第六章　中等教育

第一節　學能兼備的普門中學

　　中等教育的範圍應如何界定？在整個教育體系中定位與角色又如何？普門中學包括了國民中學的部分，包括了普通高中的部分，也具有職業學校的功能，以宗教情懷興辦的普門中學，辦學者的宗教熱忱與受教者的宗教修養是國內眾多中學所不能及的，然在教育目標與課程規劃等，則仍應以教育學觀點檢視之。

　　我國國民教育法第二條規定凡六歲至十五歲之國民應接受國民教育。國民教育分為兩階段，第一階段前六年為國民小學教育，第二階段為國民中學教育，所以中學教育的受教年齡範圍一般而言應在十二歲至十五歲。高級中學規程第三條規定高級中學的學生在學年齡以十五足歲至十八足歲為原則，需通過入學考試。但並非所有學習者得以參與入學考試，高級中學法第二條規定高級中學的入學資格為必須曾在公、私立國民中學畢業或取得同等學歷，方得以參與入學考試，通過入學考試就得以進入高級中學就讀（吳正吉，1990）。職業學校規程第五條規定職業學校學生的受教年齡以未滿二十二歲為原則，但若情形特殊者得以報請教育主管機關核准。上述的三種教育階段的學生受教年齡，皆為一般的情形，如有特殊情

事，則不在規定內。

謝文全在《中等教育》一書中，明確提到中等教育的重要性有：（一）中等教育的對象為青少年，青少年最易產生問題，（二）中等教育具有承先啟後的地位，（三）中等教育為一般人所受的最高教育，（四）中等教育的時間甚長，對學生產生深遠的影響，（五）中等教育相當普及，幾乎每個人都受到中等教育的影響。謝氏的說法幾已完整將中等教育的重要性清楚陳述，所以本文將以謝氏的看法為基礎，做一陳述。

中等教育的對象為青少年，青少年最易產生問題，青少年階段為人生的狂風暴雨期，此階段的青年人通常具有叛逆性，非常重視朋友、追求同儕間的認同，所以常會盲目的追求同儕認同，雖然有些同儕間的認同是錯誤的，但青少年仍然一意孤行。所以相對的，教育就需要負更大的責任，導正青少年的偏差行為，而以青少年為教育標的的中等教育，就更形重要。

中等教育介於初等教育與高等教育間，除了必須要繼續初等教育的功能外，也必須為高等教育做預備的工作。在初等教育階段，教育的目標並不在追求兒童有高深學問，此階段的學習目標以學生具備基本的學習能力、健全的身心為主要目標。但到了中等教育階段，此階段的學生必須開始為往後更高深的學習奠定紮實的基礎，以便於以後接受專精、專業的高等教育，所以中等教育具有承先啟後的關鍵角色。

由教育統計的結果來看，中等教育階段的升學率較國中階段、國小階段明顯降低許多，尤其又以職業學校畢業學生的升學率最低。所以結束中等教育教育的學生就需直接進入社會，謀求工作。

進入社會的學生我們是否已經使其具備應有的技術、知識、社交技巧，以順應複雜社會的生活。故在中等教育階段，學校必須使學生具備適應社會生活的基本能力，在社會中生存。

中等教育的時間相當長，共有六年的時間，如果發揮其教育影響力，將會對學生造成相當大的影響力。國中階段學生選擇就業或升學，將會影響其選讀職業學校或是高級中學，國中階段轉進高中階段將是學生人生中重要的轉捩點；高中階段結束進入高級教育階段，選擇的科系也深深影響學生日後發展方向。人生有許多的抉擇、轉捩在中等教育階段發生，中等教育影響的深遠可知。

中等教育的機會相當普及，幾乎所有人都受其影響。我國目前義務教育❶ 的年限九年，較於其他先進國家，我國九年義務教育的年限並不算短，但相較於美國、加拿大、澳洲、德國、英國等國家，我國九年義務教育的年限就顯得較短。近來十二年國教的呼聲高漲，認為教育是立國的根本，對於教育投資不能節省。如果十二年國教的制度真的付諸實現，中等教育的影響層面將更廣、更深，相對地，中等教育的角色就更形重要。

一、中等教育的目標

法律乃是行事的準則、歸準，談到中等教育的目標時，我們就需對於我國律法中對於中等教育目標的界定，以此為行事基本依據，再視現實教育環境的背景與情況，做適當調整，使教育目標不偏離國家律法的規定，也符應客觀現實社會環境的期許。法令依其位階的高低依序分為憲法、法律、命令，本文依序介紹。

---

❶　義務教育：兼含有權利與義務兩方面的意義，就義務而言，它是一種強迫教育；就權利而言，它是一種免費教育（我國需自行負擔一部分費用）。

1. 憲法規定：憲法第一五八條規定：「教育文化應發展國民
   之民族精神、自治精神、國民道德、健全體格、科學及生
   活智能。」

2. 法律規定：國民中學的教育目標──國民教育法第一條規定：
   「國民教育依中華民國憲法第一五八條規定，以養成德、
   智、體、群、美五育均衡發展之健全國民為宗旨。」高級
   中學的教育目標──高級中學第一條規定：「高級中學依中
   華民國憲法第一五八條規定，以發展青少年身心，並為研
   究高深學問及學習專門智能之預備為宗旨。」職業學校的
   教育目標──職業學校法第一條規定：「職業學校依中華民
   國憲法第一五八條規定，以教授青年職業智能，培養職業
   道德，養成健全之基層技術人員為宗旨。」

3. 命令規定：國民中學的教育目標：依國民中學課程標準的
   規定：「國民中學教育繼續國民小學教育，以培養德、智、
   體、群、美五育均衡發展的健全國民為目的。為實現上述
   目的，需輔導學生達成下列目標：（1）陶冶民族意識、愛
   國情操、互助合作、服務社會的精神；（2）養成修己善群、
   守法負責、明禮尚義的優良品德；（3）鍛鍊強健體魄、增
   進身心健康；（4）增進運用語文、數學能力，充實生活所
   需智能；（5）培養善用公民權力，克盡公民義務的觀念與
   能力；（6）增進自我認識、瞭解自然與適應社會生活的能
   力；（7）發展思考、創造及解決問題的能力；（8）養成
   勤勞習慣，陶冶職業興趣；（9）培養審美能力、陶冶生活
   興趣、養成樂觀進取的精神。」

　　高級中學的教育目標：依高級中學規程第二條規定：「高級中學為發展青少年身心，並為研究學術及學習專門智能之預備，實施下列各項教育：（1）培育公民道德（2）陶冶民族文化（3）奠定科學基礎（4）充實生產智能（5）鍛鍊強健體格（6）養成勞動習慣（7）培養團結精神（8）啟發藝術興趣。」

　　依高級中學課程標準規定，高級中學為實現高級中學法所定以發展青少年身心及研究學術及學習專門智能之預備為宗旨之規定，高級中學需達成下列目標：（1）陶冶國家觀念、民族意識、養成修己善群、勤勞服務的習性；（2）加強語文閱讀、寫作、欣賞的興趣與能力；（3）增進基本的數學及科學知識，訓練思考的能力，培養其進一步研究學術的興趣與能力；（4）鍛鍊健全身心，充實軍事知能，培養文武兼修的人才；（5）培養審美觀念，陶冶高尚情操，發揚固有文化。

　　職業學校的教育目標：依職業學校規程第二條規定：「職業學校為實施職業教育的場所，依本法第一條之規定，實施下列各項教育與訓練：（1）充實職業智能（2）增進職業道德（3）養成勤勞習慣（4）陶冶公民道德（5）鍛鍊強健體魄（6）啟發創業精神。」

　　由上述的憲法、法律以及命令對於我國中等教育目標的規定，取其共同的重點，可發現對於中等教育的目標有下列共識存在（謝文全，1992：39-41）：

　　　　(1) 中等教育的總目標在培養學生的生活能力，使其能過更好的生活，故名教育家杜威（J. Dewey）認為「教育即生活」，人是為圖自己及社會兩方面的生存才需要教育。斯賓塞（H. Spencer）亦認為教育的目標是在準備完美

的生活。先總統蔣公亦在其《民生主義育樂兩篇補述》一書中主張「教育的任務在充實學生生活的內容」。惟教育的目標不只在使學生能生活，而且要其能不斷求進步，過「更好」的生活。

(2) 中等教育的總目標既在培養學生生活的能力，則我們即可從兩層面來探討中等教育的目標，一個是從「生活」的內容來看，一個是從「能力」的內涵來談。從「生活」的層面來看，中等教育包括培養「健康生活」、「品德生活」及「職業日常生活」等三方面次級目標；從「能力」的層面來看，中等教育包括培養「知識」、「運用」、「思考」等三種能力的次級目標。所以我們將這兩層面各三項的次級目標放在一起，可以發現共有九項能力，是需要在中等教育階段予以培養、養成。

(3) 中等教育的目標在促進學生前述各方面的「自我實現」，自我實現包括三層含意：a.讓學生在健康、品德、生活知能及知、思、行各方面都能充分的發展；b.承認人與人間的「個別差異」，亦即並不強求所有學生都做相同的發展，讓學生依照其本身的特性，遵循本身的興趣，發展其選擇的發展方向；c.在承認學生具有個別差異的前提下，使學生得到其人生的自我實現。

(4) 中等教育是中等程度的教育，所以中等教育的教育目標必須使學生達到具備有中等的能力，此中等能力乃相對於高等教育、初等教育所衍生的觀念。

中等教育的定義主要有四種說法：

1. 中等教育是介於初等與高等教育之間的中等教育程度：此係以中等教育的「內容程度」為著眼點所下的定義，認為中等教育是屬於中等程度的教育，唯中等程度並無絕對的界線，他只是相對於初等與高等程度而言，介於兩者之間。

2. 中等教育是在中等學校所實施的教育：此定義係以中等教育的「實施場所」著眼，但可以發現何謂中等學校？中等學校包含了國民中學、高級中學、職業學校三類，而每類以上課時間來區分又可分為日間部、夜間部與補校。但我國現行法令規定國中、高中並沒有夜間部的設立，所以在我國的情形，現行的中等學校為國中日間部、國中補校、高中日間部、高中補校、職校夜間部、職校日間部、職業補校等七種。

3. 中等教育是對青少年所實施的教育：此定義係以「教育對象」著眼，認為中等教育即是對青少年所實施的教育。我們需對青少年有界定清楚，則此一定義才會明確。青少年（adolescent）的定義眾說紛紜，一般說來定義的年齡多介在 12 歲到 20 歲，所以將年齡介在 12 歲到 20 歲間的人界定為青少年。

4. 中學教育是升學與就業預備的教育：此定義係以「教育目標」的觀點著眼，中等教育即是升學預備及就業預備的教育；亦即願繼續升學的中　學生施予升學預備教育，而畢業不再升學的學生施以職業教育（謝文全，1992：1-4）。

綜合上述的各家觀點論述，謝文全將中等教育定義為介於初等與高等教育間的中等程度教育，以青少年為主要施教對象，以中等

學校為主要施教場所，以升學、就業及生活預備為其目標。普門中學創辦人星雲大師，在推行佛教教育、文化，及創辦慈善事業各方面都有卓越成就，並發心利用佛光山的優美環境，創辦一所理想的中學，在建校之初即指示四項創校宗旨：

(一) 普門乃是普渡一切眾生之門，是大慈大悲觀世音菩薩精神的弘揚。

(二) 普門是普為社會大眾設立之門，是至聖先師孔子有教無類理想的實踐。

(三) 普門中學是以佛教救世精神，融合教育理想，大慈平等，博愛無私為宗旨。

(四) 普門中學以造就五育並進，品學兼優之青年，貢獻社會，造福邦家為目標。

十年來普中在此一宗旨前導下，為培育品德高尚的優秀青年而全力以赴，其教育績效普為社會大眾所推崇。

民國六十七年七月，私立正氣中學由岡山遷校至莊嚴宏偉、風景優美的佛教聖地——佛光山西麓，並更名為私立普門高級中學。普中創辦人星雲大師聘請慈慧法師擔任首任校長，慈慧法師為日本大谷大學文學碩士，並聘請鄭行泉先生擔任副校長。自創校迄今已屆三十餘年，三十餘年來，普中從無到有，從有到壯大，從篳路藍縷的過程中，端賴董事會的大力支援，以及難以估量的心力與持續不已的努力，使一所原只有卅五名學生，一名教師的學校，成長至今日開設二十餘班的綜合高級中學，更確切說，應該是「綜合中等學校」。其中設有國中部、高中部及職業科（含觀光事業科、幼兒保育科音樂組、舞蹈組、家政科美容組），是一所多目標發展，且

極有發展潛力的中等學校。

普門中學是所綜合型的中學,有普通科,更有職業技藝科:

普通科──國中部與高中部的學生,均以輔導升學為重點,依教育部頒定之課程標準授課,切實掌握進度,嚴格考核教學效果,激發學生之學習潛能,培養其均衡的學識實力。

觀光科──觀光事業被認為是「無煙囪的工業」具有經濟效益外,尚具有文化藝術交流,美化生態環境,增進世界人類的相互瞭解與促進國際友誼等功能。先總統蔣公曾訓示:「發展觀光事業,必需重視人才的培育」,該校有鑑於此,其教育目標,即以灌輸學生實用的觀光知識、技能、及培育其服務道德為主。在教學上,特注重英、日語會話能力。其次為領隊訓練及康輔訓練,使學生具有優秀的旅遊領隊才能。並安排學生在佛光山的朝山會館,及麻竹園客服部、餐飲部實習;在寒暑假期間,則安排學生到台北、高雄等地具有國際觀光水準的高級大飯店及旅行社實習,實習效果良好,更由於學生品行端正,學習態度積極,深得餐飲旅遊界人士的稱許。

幼保科──隨著國家經濟快速的成長,社會日趨繁榮,每家子女人數,已逐漸受家庭計劃的影響,日益減少。婦女就業率年年提高,不少家庭中的幼兒,勢必交託給幼教機構代為照顧,因此各地之幼稚園及托兒所日漸普及。該校創立幼兒保育科的教育目標,即是培養幼教師資。本科專招女生,在課程上除授以普通及專業知識外,在家事、琴法、唱遊、舞蹈等技藝方面亦有完備的教學目標及妥善的訓練步驟。在特別才藝訓練方面,分音樂及舞蹈兩組,由學生任選一組,施以嚴格的個別訓練。該校附設有實習幼稚園,現有園童近百名,可供本學科學生實習,使學生從實際工作中獲得具體

的實務經驗。

家政科——愛美是人的天性，在現代社會裡，處處都講究美的組合，尤其一般婦女，無不為自己追求美麗的容姿，所以社會上從事美容美髮的專業人員日感缺乏。該校基於社會之需要，特開設家政科美容組，以培養美容之專業人才。本科定期與不定期舉行美容、美髮、烹飪講座及舉行教學成果展示，且與高雄姿也髮型連鎖店合作，使學生有固定實習的場所。

課程內容包括德育、智育、體育、群育與美育五類：

(1) 德育——該校對學生管理方面，首重品德的培養，對道德思想教育的推行一向不遺餘力，尤其設校在此一佛教聖地，學生耳濡目染，可廣收潛移默化之功。星雲大師一再開示要切實矯正學生虛榮、嫉妒、幻想、自私的心病，培養其為國家、為團體、為大眾的坦蕩胸懷，務期普門中學畢業的學生，日後無論從事何行何業，都能正正當當做人，踏踏實實做事。

(2) 智育——該校是綜合高級中學，設有國中部、高中部、觀光事業科、幼兒保育科、綜合家政科。在教學上，即依照不同科組的性質，訂定不同的教學內容。

(3) 體育——為求學生身心之平衡發展，該校自創校開始就非常注重社團活動及體育活動。社團活動，全憑學生本身的興趣，自由選社參加。在體育方面，則施以嚴格的整體訓練，每學年舉辦一次全校運動大會，從體能競賽中，發掘運動人才，再施以個別訓練。平時並舉辦各種球類比賽活動，以養成學生之運動興趣，鍛鍊強健之體

魄。

(4) 群育——全校設有十八個各種不同性質的社團,以培養學生之團隊精神,並設有童軍團,實施各種分工合作的基本訓練,平時在衣食住行的團體行動。注重整齊劃一,團體中更注重親睦和諧,務期養成學生看重自己,尊重他人的優良群性。

(5) 美育——該校的美育目標,分形體之美與心靈之美兩部分,形體美化要做到眼、耳、鼻、口、身的整潔完美。心靈美化要做到該校董事長星雲大師所特別訓勉的:

要以懺悔之心,以覺前非。

要以感恩之心,以報大眾。

要以知足之心,以富人生。

要以忍耐之心,以成大我。

師資是一校的核心,該校的師資,一律公開徵聘經由試教而聘用,係全憑真才實學,了無人情關係之牽涉,且均為著名之大學畢業,其所授之課程,皆以本科系為主,為了培育下一代,教師們推誠合作,付出了全部心力與時間。使該校教學成效,日有增進。

該校之前身是設於高雄縣岡山鎮之私立正氣中學,接辦後遷校佛光山,等於重新創校,一切皆須從頭做起,當初從借用大慈育幼院兩層樓房開班上課開始,到今天,一進校門,觸目竟是一棟棟宏偉之建築,過去三十年間,在董事會的全力支持,及歷任校長、副校長的辛苦籌劃下,陸續興建各項廳舍:計有三層教學大樓兩棟、六層生活大樓一棟——勤正樓(包括寢室、餐廳、廚房及學生交誼廳)、六層第二宿舍一棟——慧慈樓(包括女學生寢室及女教師宿

舍）、多目標之活動中心一棟，占地五千餘坪，室內可進行多項典禮、舞台表演，以及籃球、排球、羽球、桌球等比賽，並設有各種專業教室（包括鋼琴教室、音樂教室、韻律教室、縫紉教室、烹飪教室、美容教室、美髮教室、理化實驗室、美術教室、工藝教室）等。

　　該校環境優美寧靜，不受廢氣噪音之污染干擾。處身其中，頓感清新舒適，是讀書求學最理想的場所。建校以來，在歷任校長之努力下，已樹立起「勤、正、慧、慈」之優良校風，深獲社會人士及學生家長之推崇讚許。該校學生在入學之初，其品性習性良莠不齊，為有效的實施生活教育，特定有六項規定：1.不吸煙。2.不賭博。3.不打架。4.不偷竊。5.不違背師長及父母的教誨。6.不與不良少年為伍。這六項規劃自創校以來一直在嚴格執行，效果良好，教育行政機關及學生家長一致認為是該校一大特色。

　　因該校大部分學生住宿學校，對其生活起居的管理與輔導，列為訓練工作之重點之一，舉凡寢室之清潔、內務的整齊、餐廳的禮儀、班隊行進的秩序，都予以嚴格要求，並做定時與不定時的檢查。其他如注重禮讓、遵守秩序、端正儀容等亦列為生活教育之要點，上述各項生活教育措施，均定有比賽辦法，獎懲規則，務期養成學生獨立生活的能力，及自動自發的精神。

　　清晨破曉時分，悠揚的音樂聲，從擴音器中緩緩流出，這是催促學生起床的信號音樂，六點卅分全體住校生攜帶著自己的書包及帆布椅各就各位在操場開始早讀，一片琅琅的讀書聲中間雜著身旁樹上吱吱鳥鳴，四周綠樹群繞，對面高處的接引大佛似在含笑嘉許，置身其中令人有仙凡朦朧的感覺。

　　晚間則從十九時至二十二時，在寢室做三個小時的晚自習，有值週主任、組長及值週教師，在場監督。

　　每週舉行一次語文背頌，背頌的範圍，包括國文、英文、日文，凡背頌不合規定要求的，除罰抄原課文三十遍外，並酌扣月考平時考查成績的分數。

　　三十年來，全校教職員在董事會的支持鼓勵與校長副校長的領導下，雖艱難作業，卻鍥而不捨，使報考該校的學生日趨踴躍，學生素質亦逐年提高。歷年高中畢業之校友，目前分別就讀於成功大學、東海大學、東吳大學、輔仁大學、淡江大學、文化大學、陸軍官校、國防醫學院、中正理工學院等大專院校；國中部畢業生，就讀於高雄中學、高雄女中者居多，就讀台中一中、台南一中、台南女中者次之。而職業科學生畢業後就業者，大多服務於各大飯店、旅遊機構、各公私立幼稚園等。據該校問卷調查統計，職業科畢業之就業率高達百分之九十六，其餘百分之四，多已升讀大專院校。

　　在校學生的學行表現，經有關機關檢查評鑑後，屢獲獎勵，例如：六十九年度與七十一年度均以軍訓教育成績優異，榮獲教育廳頒獎；七十年度與七十五年度兩度接受國中評鑑，評為成績優良；七十一年度高職部觀光事業科接受省教育廳之評鑑，榮獲全省第一名，並獲「無缺點的學校」之美譽；七十五年度幼兒保育科接受教育廳評鑑，於全省公私立十六所學校中，該校依總分列為第三名。教學單項得分，則居全省之冠。

　　這些豐碩的成果，在在說明了普中的教育方針正確，教育措施周嚴完密，教職員實事求是，同心協力，及歷任校長的策劃得法，領導有力。

　　民國七十五年五月十六日，大韓民國佛教團體所創辦的東國大學暨師範學院附屬中學的郭貴勳校長抵達佛光山，翌日上午十時在佛光山東禪樓，由雙方校長正式換文簽約，締結為姐妹學校。中韓兩國的兩所學校都具有佛教背景，結為姐妹校，意義是極其深遠的。易經乾文云：「同聲相應，同氣相求。」中韓這兩所學校，締結盟約後，相信假以時日，對兩國學術文化的交流，必可發揮相當程度的作用。

　　當此社會風氣日益污濁，世道人心極待匡矯淨化之時，唯有弘揚教化，方可正本清源，收化頑啟儒之功。普中的教師，大多是志慮純正，目光高遠而以教育為職志的青年，普中既擁有優良的師資，又有完善的設備，今後將一本五育均衡發展的教育方針，極力負起導正世風，淨化人心的教育責任。

　　於德育方面，將繼續注重學生品德的陶冶，在積極方面，以「給人信心、給人歡喜、給人方便、給人服務」為訓練德目，以培養學生恢宏的氣度、高尚的品德。消極方面，則加強學生生活管理，糾正學生不良的生活習慣，及錯誤的思想觀念。其次是美化學生的生活空間，適當的安排學生的課外活動，使學生從實際的體驗中，逐漸培養「你好我壞、你大我小、你有我無、你樂我苦」的豁達襟懷。

　　於智育方面，繼續研究教學方法的改進，充實教學設備，加強課業輔導，幫助學生養成自動自發的習慣，提高普通科畢業學生的升學率，以及職業畢業生的就業率，並酌情舉辦建教合作。為了加惠更多社會上失學的青年，將設立工讀生的獎助制度，並繼續增設各種性質的獎學金。

　　其次為求學生身心之平衡發展，鍛鍊強健之體魄與合群之美

德，將特別規劃階段性、多元性的體育教學活動。社團活動則增加其生動性、民主性；週六之聯課活動，做有計劃的多元性運用，以培養學生團結合群的精神。為了使住宿學生有更舒適的生活空間，特加強了寢室的佈置與美化，使宿舍內在整然有序的情況下，透發出家庭般的溫馨。

第二節　現代中學的課程規劃

研究者先提出目前課程規劃的趨勢，以瞭解目前中等教育課程規劃的發展，也提供普門中學在邁向現代化綜合中學的一份參考。現代課程規劃的特色為：

1.課程內容生活化（Academic Curriculum）

傳統課程以學科知識為中心，而不考慮此項知識在現代生活中有何價值。

現代課程的內容著重於生活經驗，其最後目的均在培養學生適應生活環境的能力。

2.課程組織完整化

舊式課程分成許多學科，分別教學，有支離割裂之弊，其與實際生活隔離；現代課程，著重在使學生獲得完整的生活經驗，力求其組織之完整。

3.學習方式活動化

舊式分科課程，著重知識灌注的方式；現代課程著重在學生人格之發展即是適應生活環境能力之培養。（強調從做中學、知行合一）

目前學校課程的規劃，大抵都朝此一方向規劃，以期使學生能將學以致用，且減低學校生活與社會生活的落差，使學生適應社會生活。

（一）國民教育

國民教育法第七條規定：「國民小學與國民中學之課程，採九年一貫制，應以民族精神教育及國民生活教育為中心。國民中學應兼顧學生升學及就業需要，除文化陶冶之基本科目外，並加強職業科目及技藝訓練。」第八條規定：「國民小學及國民中學之課程標準及設備標準，由教育部定之。國民小學及國民中學之教科圖書，由教育部編輯或審定之。」

可以知道九年一貫課程乃是國小、國中課程規劃的原則，但目前實際情形並非如此。目前由於台灣六三三學制的劃分，導致國小、國中課程並未有效銜接。為使瞭解各國學制，乃將各主要國家的學制比較列於下表。

	美國	英國	德國	法國	日本	俄羅斯	中國大陸
學制類型	6-3-3為主	不易歸類	不易歸類	5-4-3	6-3-3	不易歸類	6（5）-3-3
義務教育年限	最高12年（6-18歲）	11年（5-16歲）	12年（6-18歲）	10年（6-16歲）	9年（6-15歲）	11年（6-17歲）	9年（6-15歲）
學前教育	1.托兒所 2.幼稚園	1.托兒所 2.幼稚園	幼稚園	1.幼稚園 2.小學附設幼兒班	1.幼稚園 2.保育所	1.托兒所 2.幼稚園 3.托兒所-幼稚園	1.托兒所 2.幼稚園
初等教育	小學分低、中、高三級	1.幼兒學校 2.初級學校 3.私立學校的預備前學校 4.預備學校	基礎學校	小學預備級到中級二	小學	1.小學 2.不完全中學	國小有五年制和六年制

中等教育	1.初級中學 2.高級中學	1.公立中學 2.公學	1.完全中學 2.實科中學 3.國民中學 4.綜合中學	1.初級中學 2.高級中學	1.中學校 2.高等學校	1.中等技術職業學校 2.中等專業學校	1.初級中學 2.高級中學
高等教育	1.社區學院 2.四年制學院或大學	1.大學 2.多科技術學校 3.高等教育學院 4.中央機構 5.師範學院 6.擴充教育學校	1.大學 2.教育學院 3.專門學校 4.綜合學院	1.國立綜合大學 2.高等專院校 3.師範院校 4.先修班或準備班	1.大學 2.研究生院 3.短大	1.綜合大學 2.學院 3.科學院 4.工廠高等技術學校	1.大學 2.學院 3.高等專科學校
備註	初級中學漸為中間學校取代	私立學校在學制中扮演重要角色	職業學校在學制中扮演重要角色			普通教育含括中小學教育	成人教育在學制中扮演重要角色

（資料來源：筆者整理）

　　在民國九十年時，我國終於將要實施九年一貫課程，期能有效銜接統整國中小的課程。以下將對九年一貫課程的課程目標、實施理念、學習領域作一清楚陳述：

　　1. 課程目標

　　九年一貫課程強調培養學生具備人文素養、統整能力、民主素養、鄉土與國際意識以及能進行終身學習之健全國民，其具體目標為：

　　(1) 促進個體身心發展

　　　a. 增進自我瞭解，發展個人潛能。

　　　b. 培養欣賞、表現、審美及創作能力。

　　　c. 提昇生涯規劃與終身學習能力。

　　(2) 增進社會與文化參與

  a. 培養表達、溝通、分享的知能。

  b. 發展尊重他人、關懷社會、增進團隊學習。

  c. 促進文化學習與國際瞭解。

  d. 增進規劃、組織與實踐的知能。

 (3) 正確認識自然與環境並適切運用

  a. 運用科技與資訊的能力。

  b. 激發主動探索和研究的精神。

  c. 培養獨立思考與解決問題的能力。

  上述目標在透過人與自己、人與社會、人與自然等人性化、生活化、適性化、統整化與現代化之學習領域教育活動，傳授基本知識，養成終身學習的能力，培養身心充分發展之活潑樂觀、合群互助、探索反思、恢弘前瞻、創造進取的健全國民與世界公民。

 2. 基本能力

  此次課程綱要中最值得注意的是，強調課程設計以學生為主體，以生活經驗為重心，並依據課程目標積極培養國民所需的十項基本能力：

 (1) 瞭解自我與發展潛能

  充分瞭解自己的身體、能力、情緒、需求和個性；愛護自我，養成反省、自律的習慣、樂觀進取的態度和良好的品德；並能表現個人特質，積極開發自我的潛能，形成正確的價值觀。

 (2) 欣賞表現與創新

  培養感受、想像、鑑賞、審美、表現與創造的能力，具有積極創新的精神，表現自我特質，提昇日常生活的品

質。

(3) 生涯規劃與終身學習

積極運用社會資源與個人潛能，適性發展，建立人生方向，並因應社會和環境變遷，培養終身學習的能力。

(4) 表達溝通與分享

有效利用各種符號，和工具，表達個人的思想與觀念，善與他人溝通，並能與他人分享不同的見解或資訊。

(5) 尊重關懷與團隊學習

具有民主素養，包容不同的意見，平等對待他人與各族群；尊重生命，積極主動關懷社會、環境與自然；遵守法治與團體規範，發揮團隊合作的精神。

(6) 文化學習與國際理解

尊重並學習不同族群的文化，理解並欣賞本國及世界各地歷史文化，並瞭解世界為一整體的地球村，培養相互依賴、互信互助的世界觀。

(7) 規劃組織與實踐

具備規劃、組織的能力，且能在日常生活中實現，增強手腦並用、群策群力的做事方法，與積極服務人群與國家。

(8) 運用科技與資訊

正確、安全和有效的利用科技，蒐集、分析、研判、整合與運用資訊，提昇學習效率與生活品質。

(9) 主動探索與研究

激發好奇心及觀察力，主動探索和發現問題，並積極運

用所學的知能於生活中。

(10)獨立思考與解決問題

養成獨立思考及反省的習慣，有系統地研判問題，並能
有效解決問題和衝突。

3. 課程之學習領域

此次課程綱要中強調合科精神，統整學科取代傳統分科教學以
便所需的基本能力，因此提出七大學習領域──即「語文」、「健
康與體育」、「社會」、「自然與科技」、「數學」、「藝術與人
文」及「綜合活動」。其實施的重要規定如下：

(1) 各學習領域授課之比例：語文領域佔基本教學節數的百
分之二十至三十，其他健康與體育等六個學習領域，各
佔基本教學節數的百分之十至十五，各校並得在上課總
節數之規定範圍內彈性排課。

(2) 「基本教學節數」與「彈性教學節數」：新課程將總節
數分為「基本教學節數」與「彈性教學節數」，其中基
本教學節數佔總節數百分之八十，彈性節數佔總節數百
分之二十。

(3) 各年級之必修節數比例為：一至六年級之必修節數佔基
本教學節數之百分八十到九十，選修節數佔基本教學節
數百分十至二十，七至九年級必修節數佔基本教學節數
百分七十至八十，選修節數佔基本教學節數百分二十到
三十。

(4) 彈性教學節數係指各校除授完最低基本節數外，可留供
班級、學校彈性開設不同課程之節數。彈性教學節數另

可分為「學校行事節數」及「班級彈性教學節數」，學校及教師可利用此時段辦理全校性活動，或進行補救教學、班級輔導等。

(5) 為有效規劃學校本位課程設計，各校應成立課程發展委員會及各學習領域課程小組，於學期上課前整體規劃、設計教學主題與教學活動，由教師依其專長進行教學。

(6) 授課日數及節數：依課程綱要中規定，全年上課 200 天（不含國定假日、例假之日），每週授課五天為原則。每節課以 40-50 分鐘為原則。

4. 課程實施原則

課程大綱中所列實施原則，係包括「基本原則」、「教材編輯、審查與選用」與「評鑑」三大步，列舉大要如下：

(1) 基本原則

　　a. 課程修訂應同步考慮相關配合措施，例如：師資培育制度、在職進修機會、新課程的研習、審定本教科用書的發展與選用制度等應配合九年一貫和統整的精神。

　　b. 課程綱要的內涵，以課程目標、基本能力、實施原則、學習領域的學習目標、各年級的表現指標之規範為主，保留地方政府、學校教師專業自主與課程設計所必須的彈性空間。

　　c. 在符合基本授課節數的原則下，學校得打破學習領域的界限，彈性調整授課節數，實施大單元或統整主題式的教學。

　　　　d. 各科應充分考量學校條件、社區特性、家長期望、學
　　　　　生需求等相關因素，結合全體教師和社區資源，發展
　　　　　學校本位的課程，包括總體課程方案和班級教學方
　　　　　案。

　　　　e. 各學習領域課程綱要的研訂，應列出該課程的定義和
　　　　　範圍、教學目標、基本能力（或表現標準）做為編輯
　　　　　教材、教學與評量的參照。

　2. 教材編輯、審查和選用

　　(1) 中小學教材用書依據課程綱要的規定審查，並經由審查
　　　　機關審定通過後，由民間編輯，學校選用。

　　(2) 教科用書的編輯應以九年一貫為主，統整的精神，發展
　　　　各科課程的內容，教科書的分量以符合基本授課節數所
　　　　需為原則。

　　(3) 教科書的審查，應以符合本課程綱要的精神與內涵為原
　　　　則，提供發展多元教材發展空間，審查標準由教育部另
　　　　行規定。

　　(4) 學校必須因應地區特性、學生特質與需求，選擇或自行
　　　　編輯合適的教科用書和教材，以及編選彈性授課時數所
　　　　需的課程教材。

　3. 評鑑

　　(1) 評鑑由地方、中央與學校分工合作，各依權責實施：

　　　　a. 中央：建立各學科學力指標並督導地方及學校課程實
　　　　　施成效。

　　　　b. 地方：負責辦理與督導學校課程的實施及各學科表現

的測驗。

　　c. 學校：負責課程與教學的實施，並進行學習評鑑。

(2) 各校應組織「課程委員會」審查全校各年級的課程計畫，以確保教育品質。課程委員會的成員包括：學校行政人員代表、年級及學科教師代表、家長及社區代表等，必須時聘請學者專家列席諮詢。

(3) 評鑑方法應採多元方式實施，並兼重形成性評量❷與總結性評量❸，並定期提出學生的學習報告。

　　以上研究者提出九年一貫制課程的概要內容，由九年一貫制的課程綱要中可以發現，其與以往的課程標準確實有顯著的差異，此次九年一貫課程綱要，確實針對以往課程與教學的問題，做一大幅度的改革，諸如「學校本位的課程發展」、「以基本能力取代學科知識」、「國小五年級實施英語教學」、「減少上課節數及科目數」、「注重統整連貫的學習統一課程設計」都有相當的突破，希望經由九年一貫新課程的實施，改進目前國中小課程、教學方面的問題。

　　另有一相當大的改革動作，就開放審定版教科書的使用。目前國中所使用的教科書皆為國立編譯館所主編，並未開放審定版的教科書，導致教科書的誤用，造成一些的問題。所謂的教科書誤用是指將教科書視為課程的全部、視教科書為目的、視教科書為聖經（至高無上的權威）、僵化的使用教科書、考試引導教學等問題。學習

---

❷　形成性評量：係指在教學過程中，就教師的教學情形與學生的學習表現加以觀察和記錄，通常採用量定量表為工具，進行非正式的評量。

❸　總結性評量：係指在教學活動之末或結束以後以定期考試或測驗的方式，考察教師的教學成果與學生的學習成就，通常採用標準化學科測驗及教師自編課程測驗為工具，進行正式評量。

者應將教科書視為最低的教材，輔以其他的學習教材，來改善教科
書誤用的問題。教科書並非一無是處，但有其功用與限制，需視學
習者如何運用，研究者乃將教科書的意義、功用、缺點、誤用與改
進之道，歸納整理於下表中。

教科書的意義	1. 以文字或圖表所編制而成的教材，作為引導學生學習及教師教學之內容，包括學科單元、學習目標、練習題(作業)、實驗和研究問題等。 2. 只是教材的一部分而非全部，是最低限度的教材。
教科書的功用	1. 有系統的陳述學科內容。 2. 齊一各地區教育的內容與水準，使學生具備一定水準的知識與能力。 3. 減輕教師的工作負擔，協助教師教學與輔導。 4. 有系統地輔導學生從事學習活動。 5. 有助家長瞭解學校教學進行的情形與子女學習的狀況。
教科書的缺點	1. 內容固定，易趨陳舊，趕不上新知。 2. 較難適應學生的個別差異。 3. 易限制學生的思考力與創造力。 4. 學科專家主觀價值的觀點、意識型態，易影響教科書內容的偏見。 5. 教師易怠惰並使教學流於呆板。 6. 不易顧及地方的特殊需要。
教科書的誤用	1. 將教科書視為課程的全部。 2. 教科書只是一種工具或手段，並非教育的目的。 3. 視教科書為聖經，代表一種至高無上的權威，就算教科書有誤，也不對其存疑。 4. 過度強調教師的權威，致學生思想窄化，創造力消失。 5. 考試引導教學。
改進之道	1. 將教科書視為最低的教材，輔以其他的學習教材，充實教材內容。 2. 教科書只是一種求知工具。 3. 應敏於求知，盡信書不如無書。 4. 適用教師的權威，培養學生創造力與思考力。 5. 教學為主，考試為輔。

（資料來源：筆者自行整理）

在民國九十年頒訂的九年一貫課程中，已經開放審定版教科書的使用。九年一貫課程中規定，中小學的教科用書應依據課程綱要的規定編輯，並經由審察機關審定通過後，由學校選用。教科用書的編輯應以九年一貫、統整的精神，發展各科的內容。學校必須因應地區特性、學生的特質、需求，選擇或自行編輯適當的教材。教材的選用不再是全國一致，可使學校發展特色，落實學校本位的經營，更希望經由教材選用規定的放寬，改善教科書誤用的現象，使國民中學教育發展更為正常。

高級中學法規第六條說明：「高級中學課程以加強基本學科之研習為重點」。高級中學的教育目標為培養學術研究及學習專門智能之預備，所以基本學科素養的建立乃成為高級中學階段的首要目標。

我國高級中學的課程兼重德智體群美五育並重。公民與道德、童軍教育是為德育教育；國文、英文、數學、理化、歷史、地理等是為智育教育；體育、童軍教育是為體育教育；輔導活動、體育活動是為群育教育；音樂、美術是為美育教育。舉凡語文、社會、數學、自然、體育、美術皆為我國高級中學的課程內容。

由於精英主義（elitism）的改變、實用性知識抬頭，造成高級中學課程改革的呼聲四起。究竟高級中學階段的教育應是精英教育或是大眾教育？高中階段的課程究竟應是學術預備或實用經驗知識？這些省思都衝擊著我們的觀念。

目前而言，精英主義的觀念已被摒棄，不再成為排除弱勢教育族群的藉口，我們仍可在大眾教育的體制下，造就社會精英，所以目前「精英主義」的強調轉為兼顧大眾的教育需求。

另一爭議的議題就是，我們所學的課程究竟該是學術導向或是生活經驗導向。如果課程只一昧的強調學術導向，此觀點過於人文主義，認為學術、經典書籍才是最好的、不會過時的，但會造成學生適應社會生活困難，成為書呆子。如果強調生活經驗導向的課程，又過於進步主義。只強調生活實用，造成知識過度物化、功利主義，造成精神生活的貧瘠。所以可以發現，生活實用課程與學術預備的課程並不對立，而應加以統整，使兩者統合。

這些背景原因造就了高級中學課程的改革，也影響高中課程的改革方向。基於上述的背景因素，乃提出對於我國高中課程改革的建議（陳伯璋，1992：320-321）：

學術本位的破除，學科知識基於專業化的發展應走向分化，這是必然的走向，然而在高中教育儘量分化初階，是否應將理想分化學科的知識架構濃縮在高中來實施，實有待近一步研究。在高中教育逐漸走向「綜合化」的趨勢下，如何將專業轉化為較實用性或生活化的經驗，似乎也是學科專家應妥加以考慮的。

1. 長期課程研究發展單位的成立

目前國內缺乏專門的教育研究機構，導致教育研究工作的進行造成某些問題。目前成立的「國家教育研究院」，希望經由此一常設性的教育研究單位，發揮教育研究的功能，發揮課程研究發展的功能。

2. 課程發展之周邊條件力求配合

課程發展不止在教材或教科書的修訂即可。在師資素質的提昇、對新教材的應用與認識，都必須在新課程標準實施前予以有效的提昇。如在民國 90 年實施的九年一貫新課程為例，雖然九年一

貫的課程立意相當好，但是站在第一線的教師是否瞭解何謂九年一貫課程呢？所以在新課程實施前，必須提昇教師的專業素養，期實際落實新課程。

3. 課程統整架構之研究

我國目前課程最為人詬病的就是課程銜接的不當，造成了重複學習以及成效不彰，如何將國小、國中、高中階段的課程做一有效的銜接，成為急需解決的問題。國中、國小階段的課程可望經由九年一貫教育課程的實施解決，而高中階段的課程如何與國中階段作銜接統整，則有待更多的課程研究來解決。

4. 重視潛在課程

好的課程不僅有賴正式課程的有效實施，更有賴潛在課程❹的配合，才得以發揮課程預期的效果，甚至超越預期的效果。

(一) 職業學校

職業學校法規第八條即明確規定：「職業學校之教學科目，以著重實用為主，並應加強實習與實驗。」可瞭解到職業學校的定位明顯與國民中學、高級中學有區隔，因職業學校強調實用、職業取向，所以在學校制度也有不同，除設有教務處、訓導處、總務處外，尚加設有實習輔導處，底下設有實習、就業輔導、建教合作三組，負責協助學生實習、就業等相關業務。

職業學校大致可以分為農業、工業、商業、海事、水產、醫事、護理助產、家事、藝術、戲劇，如果欲將全部類科的課程內容列出，

---

❹ 潛在課程：學生在學校環境中，所學習到非預期和非計畫性的知識、價值觀念、規範和態度。其範圍指正式教育以外的活動，例如：學校的境教、教師的身教。

恐過於累贅，故研究者不將其列出，但職業學校課程內容發展趨向為課程設計與發展多元化、彈性化、多變化，課程內容要優、柔、效、省，課程內容要兼顧科技導向（technology-oriented）與管理實務等方向（饒欽達，1992，p362-364）❺。

(二) 課程設計與發展多元化、彈性化、多變化

我國職業教育課程之設計，一方面受限於學制與行政之束縛，另一方面受困於無常設機構以經年累月之功夫出細活。因此，形成課程之規劃、制訂之時間短，但課程之實施期間太久，致無法因應最新情境與發展。迨至民國七十五年之後，社會變化加劇，「進修補習學校」、「延教班」、「第二專長班」的職業課程紛紛出籠，以配合各方需要，因此「單位行業」、「群集教學」、「專精式」之各種課程發展模式並存而不悖。

大體而言，「延教班」與「第二專長班」之課程設計以「輕」、「薄」、「短」、「小」為主，可以隨時變化適應需要。為了配合新興產業、新發展科技所需之人才培訓，職業教育課程應是具有多元並進，與時增刪、萬變不離其根的彈性。例如：新科系可以隨時增設，而不要等到在課程全面大修才做一併考量──此作法看似周延，卻易失去時效。

針對不同學程設計不同課程，切勿僅參照一種模式而硬套不同制度。否則，易形成一套制服大家穿的窘境，有人嫌長有人叫尺寸不足，是以，成事不足之危大矣。

---

❺ 饒欽達，〈我國職業學校課程之演變與未來發展〉，刊於中國教育學會主編《二十一世紀的高級中等教育》（台北：台灣書店，1992 年），頁362-364。

課程內容要優、柔、效、省：「優」就是課程教材內容精緻優良。「柔」就是課程教材具有彈性、韌性，不因時而變，且能容匯聚珍，歷久彌新。「效」就是能配合科技的時效。「省」就是省時、省力，易教、易學。欲「優」則課程教材內容與結構，需汰舊換新，汰蕪存菁；欲「柔」則課程設計不能太死板、硬化，必須處處有生機、步步有空間；欲「效」則不能拖泥帶水、胡拼亂湊，必須切中職業技術精髓；欲「省」必須以教學原理為基礎，以模組化方式設計讓學生容易進出的學習單元，以達事半功倍之效。以「第二專長班」課程設計就具有上述的四大特點，足為借鏡。

課程內容要兼顧科技導向（technology-oriented）與管理實務：目前網路時代的來臨，可以發現科技導向的職業課程才能符合未來的需求。因此目前著重工具的熟練、機械儀器操作技巧的習得等課程內容，筆者想應該有所改進。目前的課程導向應導入科技的新觀念、新方法、新教材，使學生具備相關的科技知識；再輔以學生管理實務的觀念，使技術與管理實務相互配合，收加倍功效。

比較歐美許多國家，學子似乎較易達到經濟效率的教育目標，所謂「經濟效率的教育目標」，應包含：

1. 受教者應瞭解各種工作之需要與機會；
2. 受教者應獲得優越的工作技能；
3. 受教者應有選擇職業的能力；
4. 受教者應能持續其選定之工作，並能提高其工作成效；
5. 受教者應能認識其工作的社會價值；
6. 受教者應具有運籌個人物質生活之能力。

德國學生在第五第六學級時稱為試探學級（Orientierungsstufen）

，已藉性向測驗將學生的興趣與擅長取向提供予家長，做為選擇何種中學的最佳參考；第十學級稱為職業基礎教育年（Berufgrundbildungsjahr）（Adolf Kell & Antonius Lipsmeier，1976：113-116）❻，詳盡規劃並且普遍實施有關職業基本知識，培養職業選擇與職業認識的能力。同時聯邦職教研究所（Bundesforschungsinstitut für Berufsbildung）每年三月出版職教報告（Berufsbildungsbericht），公布歷年教育、訓練、職業與工作之間的供需統計與評估，讓學子輕易瞭解今日與未來的工作就業機會與遠景，因此德國學生在中學時代已漸能獨立規劃學涯並展望未來工作前景，待入大學，則是他自己選擇的學校、自己選擇的研究所，他更清楚自己能讀甚麼、要讀甚麼。

由以上的敘述，可以發現普門中學辦學一個相當特別之處，那就是普門中學為一所綜合中學，此一教育方向的規劃，符應現代的方向。所謂綜合中學（comprehesive school）就是普通教育與職業教育兼施，其課程除文化陶冶課程外，還包括許多職業訓練的科組，升學與就業準備兼重，以適應學生不同的需要。綜合中學的優點在於：（一）全國的青年可以在同一類型的中學受教育，既符合民主精神，又可促進全國文化統一（二）在同一類型的學校受教，學生就不會有自卑感與優越感（三）學生若發現興趣不合，可立刻換組，不至耽擱（四）類科增多，學生有較多的選擇機會，且易符合學生個性發展與興趣能力。而綜合中學的缺點在於：（一）課程繁雜，不易專精（二）選修制度，易使學生避難就易降低水準（三）所需

❻ 職業基礎教育年自 1973 年始為義務教育，提供學生對職業廣泛的認識與學習，不細分職業；而以職業行業範圍（Berufsfelder）分為十大類。

設備因類科增多而增加，學校經費難以負擔（四）類科繁多，而增加師資的培育計畫。

但如果以綜合中學的定義來看普門中學，可以發現，普門中學的課程中，雖然包含職業課程與普通教育課程，但兩者間相互獨立，並不相互流通，也就是學校內雖包含職校與高中，但兩個不同系統學生不能選修對方的課程，並不能達到綜合中學的優點。普門中學部包含設有高中部，也設有國中部，可使國中階段的學生，在面臨最小的環境衝擊下，於相同的環境中，以直升該校高中部的方式，依自身的興趣、能力、需求，選讀職業類科或普通類科。希望經由此學制上的調整，增進國中學生適應中學階段的課程，使國中、高中階段的課程得以銜接統整。

所以總的來說，普門中學進一步的演變，或許可朝開放職業類科與普通類科間的相互選課，提供更多的學習選擇，使學生可獲得更多不同的學習機會，更加確實瞭解自己本身的興趣。

第七章　高等教育

第一節　大學的原始精神

在西方「大學」一字係由拉丁文 Universitas 為字根演變而來，原為一種組合（Corporation）、群體（Community），漸漸成為有體系的社團 （郭為藩，1979：63）。十二世紀末至十三世紀初，在歐洲除了意指教師和學生所組成的團體以外，尚泛指其他團體，因 Universitas 一字原是與行會（guild）同義。當時，學生的團體稱為 university of scholars，教師與學生的團體稱為 University of masters and scholars，研究團體稱為 University of study，不過最普遍的稱謂是「普學」（Studium generale），普學即為當時各種學術團體的總稱（呂寶水，1990：609）。學術團體得公開授徒，學生可能來自本地、遠地，甚至是異國。

依據歐洲古典的解說，大學是「保存、發揚人類文化精華的場所」。大學聚集著社會上的少數菁英分子，汲汲追求知識、殷殷從事研究，彼此更具有相互學習與傳授的教育行為。也因此，歐洲大學成了學術研究上卓然有成的教師，以及學生所組成的團體。

以德國為例，鐵血首相俾斯麥在 1871 年建立德國時曾說「沒有大學，則沒有德國」，早在 1820 年時，費希特（G. Fichte）等學

者以柏林大學為基礎，建立了德國大學教育精神，亦即是追求社會
實用之知識與致力發覺時代之真理與道德，從此德國大學教育具備
了以下七種特質（許仟，1996）：

（一）討論取向：德國大學的課程主要分為講授課（Lecture /
Vorlesung）與研討課（Seminar）兩大類，除了低年級基礎理論課
程採大班制講授課外，其餘幾乎皆以研討課進行之。德國的研討課
與我國內認知與實施略有不同，德國教授在專題引言後，即由同學
展開報告與討論，討論中教授僅具有與班上同學一般平等的發言
權，無法藉教授權威來操控或引導問題的爭議，形成共同發覺問題、
共同尋找答案的研討文化，因此單一議題由多角度不同的思維途徑
切入，而終達全方位的認知。

（二）研究取向：費希特提出大學的任務主在研究次在教學，認
為研究的過程中必可達到最高的教學目的。教授擁有崇高的社會地
位與優渥的年薪，不屑於社會應酬、不屑於爭搶行政職務、也無意
於政府為官。尤其校方提供良好的軟硬體研究設備與環境，使教授
能潛心於研究，其研究的範圍往往即是開課的專題，一方面提供學
子教授個人最新的研究成果，另一方面教授能由同學研討中獲得審
視與建議。德國基本法第五條保障大學的學術自由，涵蓋界面由研
究主題、研究範圍、講學、著作發表等十分寬廣，唯講學自由（Freiheit
der Lehre）不得免除對憲法之忠誠（Treue zur Verfassung）；但是
基本法卻賦與研究（Wissenschaft und Forschung）絕對的自由。知
識分子對學術自由不僅是善用，且能尊重與自律，因為學術是透過
方法論與系統化（methodisch und systematisch），在理性（ratio）
的建構下求取事實與真理（Tatsache und Wahrheit）。七〇年代的

學生運動與八〇年代的綠色運動,皆是學術自由下知識分子對於時代的反思,當時雖為世俗所排斥與責難,卻在日後才見其哲思的前瞻性與時代超越性。

(三) 學群統合:德國大學的教學行政工作置於學院（Fachbereich,或稱「學域」）,學院聯結並整合各研究所,因為各研究所鑽研甚精,難免造成研究重疊或斷層,學院負責教師聘免、學業輔導、考試章程、學位授予以及行政事務管理與分配等工作,並藉統籌共同選必修課程與資格考試科目的方式,達到學群整合的目的。

(四) 科系整合:德國大學規定學生須選擇一主系（Hauptfach）二輔系（Nebenfach）,或是兩主系。學生須研修畢主輔系規定的課程與所要求的考試後,再提交碩士論文,才得畢業。比較我國,可見德國大學生幾乎相當於上兩次大學,因此修業年限自然稍長,平均約需五至六年時間來完成大學教育。強迫性跨系研究,達到了科系整合的目的,尤其培育學生在主系的專題研究中,能藉輔系的知識來支撐論證。

(五) 學習自主:除了學院規定的少數必修課程以外,德國大學所開的課程幾乎皆是選修課,因此學生選課有最大的自由空間,僅規定畢業前須提交一定數量的「修課證明」（Schein）,稱為「修課證明制度」（Scheinsystem）,修課證明數量定的是學生很輕易就可達到的下限,但是學生在修課中從不因此而滿足,除了在校內多修課以外,多數學生尚自行安排赴他校上課。有些學生如候鳥一般,隨著夏冬南北轉學,有些學生如吉普賽人一般,以單學期為原則東西轉校,既有中國讀萬卷書行萬里路之形,又有中古世紀學徒

吟遊（Wanderung）之趣。大部分同學一定會中途「休學」，進入
科系相關的事業機構工作或實習，以求理論與實際的相印證，學習
外語的同學更遠赴國外自費學習該外國語文半年至一年。德國大學
是免費教育，但是學生主動規劃自我學程，往往自己付費去國外，
以及多付出時光延遲畢業，只為求得實實在在的知識。

（六）能力考核：能力在德國常指「潛力與實力」（Fähigkeiten
und Fertigkeiten），修課證明制度下，是屬於基本能力的要求，尚
不是能力考核。大學教育中對學生的最主要考核應是論文寫作與資
格考試二項。學院規定的資格考試科目是選擇性與概括性的。所謂
概括性是指：學生必須以幾年的時間選修許多相關性的課程，終於
達到融會貫通的境界，才能參加考試。例如考科名為「歐洲政府」，
學生則應選修的課程可能包括了法國政府、德國政府、英國政府、
南歐諸國政府、東歐各國政府、政黨與政黨政治、國會與選舉制度
等等。

但就現代而言，大學除仍於傳授知識概念、致力提昇知識及文
化，為一高級文化場所、自由研究中心，且為創造新智慧的團體外，
並隨著經社科技變遷，大學也已負起培育專才之任務、協助國家就
業政策的實現、消除社會及文化之不平等（Alain Bienayne，1986：
2-5）。既然大學對於國家與社會負有責任，相對地，國家與社會
對於大學教育的支持，尤其是經費方面的補助，亦應屬責無旁貸的
一項任務。然而大學堅持不受任何外力所束縛或影響，包括欲藉經
費補助之由者，更指政治、宗教，社會風氣或其它的人為因素等。
歐洲大學保持其一貫維持政治與宗教中立的態度，並以不干預學術自
由及獨立自主為原則（許仟，1996）。

　　教會乃是西方各國學校教育之濫觴，而在教會之後，國家接續著扮演主導的角色，國家擔負起支付教育經費的角色後，大學教育也就成為國家重要的施政目標，至此大學教育也就持續地廣化與深化，同時也確立了國民教育與成人教育的現代價值。

　　大學邁入二十世紀後卻遭遇到極大的挑戰，受到科技的快速發展與社會環境變遷之影響，新型大學陸續成立，同時為了國家的發展，以及反應社會對於人才之需求，也促使教育理念的改變，貴族式的教育蛻變為平民化的教育，人人都有接受教育的機會與權利，而這種新觀念的展現乃是二十世紀教育發展的主要特質之一，在此可由西方一些新式大學與古老大學得以各自發展其不同的特色且各司其職。再者，社會發展的新趨勢，使得成人教育陸續受到重視，因為透過成人暨繼續教育，可以補強今日教育體制與執行訓練方式之不足。

　　近年來佛教辦學之風興盛，由最開始的華梵大學，一直到佛光山南華大學以及佛光大學的成立，目前為止至少已有五所由佛教團體所興辦的大學。為何在這十年內相繼出現這麼多的「佛教學校」，實有其實質上的社會背景以及佛教人文關懷的精神在其中。為什麼佛教要辦大學？佛教辦大學的意義何在？在現存的百餘所大專院校中，佛教所興辦的大學特色何在？

　　其實中國早在上古時期即有大學的教育制度，上古時期的大學稱之為成均，到了漢朝末年，發展為太學，至晉朝以後稱為國學，或稱為國子學，一直到明朝、清朝，仍有國子監。然而目前整個中國近代所沿用、實行的教育體制並非來自傳統中國的大學教育體制，而是沿用來自西方的教育傳統，或者說是西方社會的天主教、

基督教教會教育體制。鴉片戰爭之後，西方將其教育方式引進中國，在當時以教會的名義在中國創立多所天主教、基督教大學（龔鵬程，1997）。

西方國家原本並無大學，僅有的只是寺院教育體系，用以培育神職人員並教導眾人認識、信仰神的。大學的崛起是由教師或學生所組織的團體，以達到互助和保護的目的，使成員得到神的慰藉。這時所形成的大學隸屬於教會組織，所教學的內容仍是以宗教教育為主，直至文藝復興後，人文主義思潮蓬勃發展，重視科學與理性，大學逐漸轉變成追求知識科學之所在，而不再只是替教會傳達教義、培養神職人員之處。這種以科學、理性為骨幹的大學教育，即為目前我們所知悉的一般大學型態（龔鵬程，1997）。

中國在 1921 年以前，只有一所國立大學，就是北京大學。兩所省立大學：山西大學、北洋大學。五所私立大學：武昌中華大學、北京中國大學、朝陽大學、天津南開大學、廈門大學。但滿清末年鴉片戰爭之後，西方人陸陸續續來到中國，以教會為組織創立多所學校，其中教會大學已多達十六所，目前我們所知悉的輔仁大學、東海大學、中原大學、靜宜大學、東吳大學、燕京大學、齊魯大學、嶺南大學、金陵大學……等都是西方天主教、基督教在中國所辦的大學。他們將西方大學及其宗教精神，移植到中國來，在中國境內辦學校，所以，至清朝末年之後，整個中國的大學教育體制是由西方所傳入、所奠基的（龔鵬程，1997）。

雖然西方在中國辦學頗有成績，但不免遭到民族主義及國家主義的對抗及壓制；雖然大學扮演著追求理性與科學的角色，但傳播教義、培養基督徒仍是教會大學的教育目的之一。因此，1920 年

代，「教育權回收運動」使得教育事業逐步邁入國家化，也因此形成了教育是種國家制度、國家主權的觀念；同時政府以「暫緩接受設置私立大學之申請」為由，拒絕私人團體，包括宗教界辦學。進而逐漸形成了教育國家化的觀念：認為教育是用來培養國家公民，教育的內容是灌輸國家知識，並且只要是能夠促進國家進步的及發展的各種技術都成為教育的重點。教育逐漸變成訓練國家優良公民的工具（龔鵬程，1997）。

　　早先是由於中國的傳統教育是沿襲儒家的教育體系，而儒家的教育體系則與人民的生活倫理、國家的文官體制相結合的，所以儒家思想是中國的根本思想主體，因而宗教，例如佛教、道教，便不需要也沒有力量來辦理公眾教育。隨後一直到清朝末年，西方崇尚科學反迷信的人文主義思潮引進中國，宗教變成為受攻擊的對象，因此，更無能力辦學。日後又因為教育成為國家機器，佛教更無法辦學。而近年來由於體制逐漸開放鬆綁，佛教因而跨出門檻，起而興辦大學（龔鵬程，1997）。

　　佛教團體目前所辦的大學中，最早的是七十八學年度的華梵工學院，隨後又有慈濟醫學院、玄奘人文社會學院、法鼓山人文社會學院以及佛光山南華管理學院相繼成立，這些都是繼 1980 年代末期，形勢改變的關係，使得佛教團體所辦的大學一時興盛。因為政治解嚴，連帶使教育國家化的方針鬆綁，一般社會也逐漸肯定佛教團體在各方面的努力，並且也因為各佛教團體積極辦學，致力於以教育的方式推展其生活信仰。例如慈濟醫學院的證嚴法師曾說：「教育並非只有傳授知識的功能，而是要啟發個人的愛心。有了愛心，所發揮出來的功能才能自助助人。這種愛的啟發教育就是慈濟的文

化，進一步說，就是菩薩精神的文化。」又如華梵大學提出「以人文文體發揮科技大用」的理念，並推展所謂的「覺之教育」，校長馬遜言「覺之教育」具備以下六種特質：1.心靈的教育；2.自發的教育；3.智慧的教育；4.人本的教育；5.全面的教育；6.終身的教育。（龔鵬程，1997：464-465）

目前為止，教育改革在一般大學仍無多大改變，大學教育傾向職業化、技術化、機械化、形式化，使得一般大學仍停留在培養優秀的國家公民並且是做為職前訓練的場所，以目前各大學前十大熱門科系中，不難看出學生們在選擇科系時的第一個考量是熱門與實用性，這種傾向使得大學教育的內容更為現實，傳統中國儒家教育之重視人文與哲思的精神已不復存在。佛教辦學的精神即在強調其教育改革的意義，呼籲重視人文精神，在一片教育改革的浪潮聲中，以佛教關懷的人文精神培育高知識青年分子。

鑒於教育改革浪潮正興盛，星雲大師以數十年辦學經驗，創建佛光山教育體系，致力於培養社會高等知識青年，於八十五年在嘉義開辦南華管理學院，八十八年改名為南華大學。其教育精神即在打破傳統所實行之一般大學的教育方式，在整個籌建的過程與制度以及教育的內容上無不與現有大學迥異。其教育目的即在使人認識自我，認識人生的價值與意義，簡單而言就是人文教育精神。佛教用自己的世界觀、自己的教育理念，自己對人生及人格成長的看法，實踐在現代教育上。

西來大學、南華大學與佛光大學的教育理念承襲星雲大師數十年的辦學經驗以及其佛學精神的思考，其真正落實了大師提倡的人間佛教觀念。大師的人間佛教是「入世重於出世、生活重於生死、

利他重於自利、普濟重於獨修」，並且以「佛教現代化」來概括他的建設人間佛教運動。佛教不再只是躲在山林裡、關起門來傳播佛學經典教育、培育法師，而是要將佛的關懷大愛精神落實人間，將其理念散播眾人，辦教育便是其實踐方法。然而佛光山並不以佛學為其教育目的，而完全放棄宗教的禁錮，用全然自由的教育精神來辦理這樣一所高等學府。

在一片教育改革的聲浪中，佛教所辦的大學的確異於一般的國立、私立大學，其強調的並不只是教育體制的鬆綁、減少國家對教育的干涉；最重要的是佛教將其人文關懷的精神實踐在教育方式上。在五所佛教大學中，以南華大學最不具宗教色彩，卻又是在各方面實踐星雲大師的人間佛教精神。校園裡不要求吃素、穿制服、讀佛學經典，因為教育的精神不在傳播教義；相反地，老師與學生在學術自由的領域裡鑽研學問。相較於其它佛教大學，南華大學少了宗教色彩，卻多了一份自由的人文精神，從其籌設的過程到學校制度的設計、運作的方式以及課程的安排上，皆與一般大學迥異。星雲大師主張辦大學應採非營利事業管理方式，不應以辦企業賺錢的態度，收取高學費、企業化經營，來經營一所大學；教育是百年大計，需群策群力方能奏效，因而大師發起「百萬人興學」活動，希望以每人每月捐資一百元，三年為期，凝聚百萬人心力，參與百年樹人的建校大業，興建一所屬於公眾的大學，並且也是一所開創教育新世紀的學府。

教育不應是國家培養公民的工具，更不應是一般團體用來培養專業人才、傳播宗教思想的園地；教育應以建立全人格發展為目標，實現人文關懷為宗旨。星雲大師的辦學理念便是以改革現有教育的

缺失以及以人文精神為主的方式來辦教育、辦大學。而整個西來大學、南華大學與佛光大學的體制、精神及目標也是這種理念的最佳實踐。

第二節　西學中用的西來大學

西來大學辦學宗旨是希望培養更有遠見、有理想、有專業才能的青年學子，造福人類社會，使西來大學成為「佛教的哈佛」，讓中國的佛教徒在美國也能以教育辦學著稱。

西來大學在創校初期歷經重重的困難，終於在 1990 年 7 月 2 日獲加州教育廳評選為特優，獲准立案，並可頒發佛學及宗教碩士學位，1993 年獲准發給 I-20，招收國際學生。為提供學生更加優美、寬敞的學習環境，西來大學於 1996 年遷至柔似密市，校園佔地達十英畝，除有行政、教學、休閒大樓外，並有禮堂、圖書館、宿舍、餐廳等設備。創校以來即由星雲大師擔任校長，先後由慈惠法師、慈容法師負責校務的工作，1998 年聘請陳迺臣博士擔任校長。

西來大學經加州政府立案，獲得 BPPVE（加州私立高等教育及職業教育）評鑑通過，現已通過 WASC 評鑑，成為全美高等教育聯盟的正式會員，朝國際一流學府的目標邁進。

西來大學是一所兼顧多元文化，現代化的完全大學。在課程方面融合人文及科學、理論與實用、東方與西方；在教育效果方面，希望學生不但學得知識技能，開創事業前程，而且發展全人格及高尚品德，使心靈充實、身心自在，而且有創造發展能力、適應力、領導力，個個成為社會的菁英。

　　加州大學洛杉磯分校（UCLA）曾與西來大學合作辦理專業人員培訓計畫；加州柏克萊大學（UC Berkeley）的名教授在該校兼課；加州州立大學富勒頓分校（CSU Fulleron）與該校辦理互相交流師資。西來大學與國內南華大學合作辦理經理人企管碩士班，與多所國立師範大學及市立空中大學合作辦理各學系和教育研究所的專業課程，給予學分；西來大學接受教育行政機構委託辦理國小英語教師研習進修。俄羅斯聖彼得堡國立大學、及泰國國立大學都與西來大學建立合作關係。

　　系所與課程內容：

　　1. 世界佛學研究院

　　西來大學設世界佛學研究院，主要功能為：

　　(1) 翻譯佛教經論為英文

　　(2) 翻譯現代重要佛教論著為英文

　　(3) 出版佛學研究學報

　　(4) 出版佛學研究論著

　　(5) 舉辦佛學學術會議

　　(6) 邀請佛學學者短期住校從事研究及講學

　　2. 宗教系（Department of Religious Studies）

　　有大學部及研究所，都含有佛學、比較宗教學兩個專門領域，該系的博士班正在籌設中。

　　3. 工商管理系（Department of Business Administration）

　　大學部分成會計學與市場行銷兩個專門領域（major fields），研究所分為非營利事業管理、國際商業管理、資訊技術管理三個專門領域。

4. 英語系（Department of English as a Second Language）

招收學生主要來自非英語作為母語的國家及地區，特別針對亞洲地區學生，設計適合於他們的英語課程，依照能力分組，小班授課，學習效果特佳。該系的課程主要分為大學及研究所英語先修班、短期遊學英語課程、小學教師英語進修課程、商業英語課程、托福準備課程。

5. 推廣教育學系（Department of Continuing Education）

推廣終身學習之成人教育的各項課程，主要分為中文及中國文化、中文佛學及英文佛學、禪修、資訊與投資、經理人企業管理、教育人員專業進修、接受機關團體學校委託辦理專業培訓等。有中印佛教史、佛教經論、佛教心理學、東西方宗教論、研究方法論、巴利文、梵文、日文、藏文等佛學課程；一般科系則開有企業管理、資訊管理、國際來往等專業科目。同時為便利各國學籍人士學習英文及開辦 ESL 英文課程，每年暑假並開有國際學生遊學課程及各種密集學習課程，方便各階層人士學習。

在師資及設備方面，除陳迺臣博士擔任校長外，特聘請加州富樂頓大學善突吉、加州長堤大學庫克、休斯，加州柏克萊大學佛學專家蘭卡斯特、斯里蘭卡佛教大學副校長阿拿奴達、藏傳佛學專家王堯等，均為佛教教育界的巨擘。

如今西來大學已有第一屆（1997 年）碩士班學生獲得入學許可進入加州柏克萊大學（UC Berkeley）、哥倫比亞大學、德州大學等名校博士班就讀，碩士班中，也有已經獲得美國大學碩士獲博士學位者就讀，西來大學仍將秉持成為「佛教的哈佛」目標而繼續努力。

第三節 現代化的管理：南華大學

　　崇高的教育理念要落實，談何容易？佛光山創辦人星雲大師於民國八十五年集結各方有志學者，於嘉義大林創辦佛光大學南華管理學院。創校目的即為匡正現今教育體制的缺失，以人文教育精神為主體，實現教育理想。該校啟山林，闢榛莽，胼手胝足，矻矻孜孜，在荒山野嶺之中，建構出一片巍峨黌宮，於蛇虺蚊蚋之域，匯聚起無邊興學願行，天賜這一塊寶地，自然天成，蓊蔥林相，郁郁菁菁，修竹搖風，鳳梨華茂，此皆都會型大學企盼而不可得，亦正契合該校興復人文的理念，尤其周圍環繞著十五公頃的欒樹林，原始幽謐，葉子溪與三疊溪，左右合抱，此地靈之瑞，參化人傑之兆也。

　　該校創辦人星雲大師及其所創立之佛光山教團，向來以推動教育文化工作為職志，歷年興辦幼稚園、小學、中學及佛學院甚多。不唯辦學經驗豐富、充滿教育熱忱，更能不囿於布教弘法之範疇，立意要本諸佛教徒喜捨奉獻之精神，為社會辦一所台灣不可或缺的大學。因此，該校雖然是由佛教團體所辦的大學，卻不是佛教大學，也不屬於某一佛教團體，乃是星雲大師為社會而創辦的。

　　佛光大學南華管理學院（已於民國八十九年改制為南華大學），係由佛教團體佛光山所創辦。首先，南華大學為宗教所成立的大學，並非宗教大學；佛光山創辦南華係基於回饋社會、提昇國家教育水準，而非以宗教弘法為目的。創始之初，即結合百萬人之點滴力量，開創台灣教育界首創之精緻型大學。星雲大師本著教育之崇高精神與理想為教育界開先河，百萬人興學的力量使得教育不再如時下一

般學校團體將教育工作企業化、以牟利為主導；百萬人興學的力量使得前來就讀的莘莘學子們與家長少了生活上與學雜費的壓力與重擔；百萬人興學本著回饋社會、國家的精神，匯集點滴的金錢，提供學子們優良的學習環境，不求回饋，只求學子專心於課業，將其所學進而回饋十方大眾。

正是這樣的一種理念與精神，循序導正社會漸趨功利的觀念思想，尤其，佛光山係一佛教團體，但其辦學、辦教育的目的為基於回饋社會，提昇國家教育素質，不以宗教弘法為目的。

佛光山在世界各地已成立多所各級學校，當台灣的大學數量已趨百所之際，為何還要再踏破芒鞋，效法古代武訓興學一般，苦苦托缽勸募，費盡心力來辦這所大學呢？且近年來佛教辦學之風可謂興盛，而佛光山創辦的佛光大學南華管理學院又有何特別之處？

相較於天主教與基督教，佛教在台灣所成立的大學並不算多，並且，起步也較晚，然而，天主教與基督教是外來宗教，而佛教雖然源自印度，但早在漢朝末年傳入中國，經過七、八百年的融會貫通，與儒、道兩家並稱為中國自身的傳統文化：儒、釋、道。在這麼多西方宗教辦理大學之後，中國的傳統宗教，佛教，又怎能不起而興辦大學？因此，民國八十年以後，教育環境改變，各個佛教團體即積極投入辦學，然而其對大學之理解與辦學理念，其實頗不相同，故所辦成的學校也面目各具。該校尤為特殊。

現今大學雖多，但在教化黎庶或學術鑽仰各方面，其實仍多改善進步的空間；特別是，人文精神似乎越來越被講究知識交換、文憑功利、科技實用的大學輕忽了；中國書院教育的傳統，似乎也早已遭到遺忘。而這些，或許都與現今社會風俗之澆薄、倫理處境之

錯亂頗有關係。欲改變當今社會，移風易俗，興人文而啟神思，自不能不從教育著手，又不能不從辦一所不一樣的大學開始。

中國的大學教育，自周朝的成均、漢代的明堂太學，以迄清朝的國子監，有幾千年的歷史；私人講學，從孔子以降，也有極悠久的傳統；唐宋以後，書院講論，尤為世人所艷稱。清末改革舊制，效仿西方大學的型態，興辦大學堂，至今約已百年。

相對於百年來這些經驗，佛教團體辦學反而是一種新的經驗。因為古代佛教道教團體雖不乏資助辦學，或以其莊田油金供給書院膏火之例，畢竟未直接興辦大學。晚清以來，則只有基督教天主教教會所辦的大學。佛教團體開始興學辦校，乃是民國八十年教育環境變動以後的事。

因此中國近世紀的大學教育體系係沿用西方的大學教育傳統，民國初始，中國動亂，西方人士來到中國創立多所大學，其中又以天主教、基督教等宗教團體為主，例如，今日我們所見到的輔仁大學、靜宜大學、東海大學等。在西方，大學之始為宗教所創，目的為培養神職人員，以進行教義傳播，經過多次演變，尤其十字軍東征及文藝復興的影響，西方理性科學知識大為興盛，也逐漸成為世界強權。因此，西方入侵中國之際，便隨之將教育方式傳入中國，而目前我們所實行的大學教育方式便是依循西方模式，以科技、理性與知識之授受為主軸。然而，在這樣的模式主導之下，目前一般院校的設計，多以實用、功利為考量，以作為求職前的準備。

因此，該校創立即本著佛教捨喜奉獻之精神，意欲改正當前教育的缺失，恢復中國教育傳統、發揚人文精神，秉持著這樣莊嚴的使命、弘遠的理想來辦學。星雲大師號召了百餘萬對教育深具熱情

的社會人士，一齊參與我們的「百萬人興學運動」，大家胼手胝足，要在這嘉義的沙礫上，開人文化成之機。

一、南華建校之精神理念與方針特色

該校於 78 年 11 月 1 日以「私立南華工學院」名義向教育部提出書面申請。78 年 12 月 19 日獲教育部台（78）高字第 62820 號函准予籌設。80 年 10 月 3 日向教育部申請更改校名為「私立南華管理學院」，80 年 12 月 9 日教育部台（80）高字第 66517 號函同意。81 年 2 月 10 日完成「財團法人私立南華管理學院」法人變更登記。85 年 4 月 1 日獲教育部台（85）高（一）字第 85505242 號函准予立案招生。85 年 4 月奉准成立，哲學研究所同時招生，並參加大學聯考，招收資訊管理學系、傳播管理學系學生。並與佛光山文教基金會建教合作，開辦比較宗教、佛教文化研究所。88 年，教育部評鑑結果，該校升格為大學，正式改名為南華大學。教育部已核准該校五年增設系所計畫，至民國 90 年，該校發展為 10 系21 所之綜合大學。如下圖：

南華管理學院五年增設系所計畫表

	管理學院	文學院	藝術學院	社會學院	傳播學院	合計
八十五學年度	資訊管理學系	哲學所			傳播管理學系	2 系 1 所
八十六學年度		生死學所 文學所		教育社會學所 歐洲所 亞洲太平洋所	出版學研究所	
八十七學年度	資訊管理學所		美學與藝術管理所	應用社會學系 國際關係學系		2 系 2 所
八十八學年度	非營利事業管理所 環境管理所		環境與藝術所	公共行政與政策所 社會學所	傳播管理學所	6 所

八十九學年度	財務管理所 旅遊事務管理所	哲學所博士班	應用藝術與設計學系	經濟學所 民族文化學系	國際傳播學系	1 博 3 系 3 所
九十學年度		文學系 哲學系 歷史學系 歷史學所 人類學所		法律研究所		3 系 3 所
合計	1 系 5 所	3 系 5 所	1 系 2 所	3 系 7 所	2 系 2 所	10 系 21 所

　　該校為宗教團體所興辦，係結合中西教育傳統、注重知識之整合與創造，以發揚人文精神之大學。因此，該校是宗教辦大學，而非宗教大學：該校係宗教團體基於回饋社會、提昇國家教育水準而興辦之大學，不以宗教弘法為目的。

　　結合中西教育傳統：現代中國大學之體制與精神，皆本於西方；但中國亦自有數千年大學教育之傳統，以及私人興辦書院之經驗。該校以結合中西優良教育傳統，開創跨世紀之大學新典範自期。

　　注重知識之整合與創造：現今大學多為專業導向，且多為知識傳授之教學型大學，該校則為以通識為導向，強調知識整合與創造之研究型大學。

　　發揚人文精神：當代教育偏於科技、理性與知識之授受；大學之宗旨亦多以功利實用為主。該校期能關懷當代人之精神處境，重新發揚人文精神。

　　學校裡的行政體系以人性化管理的方式進行，教課內容以人文精神為導向，企圖由通識經典課程的學習中，讓學生悟出自身的文化深度及尋求自我的方向。當代大學教育之弊端日益彰著，台灣在歷經七〇年代經濟自由化，八〇年代政治民主化之後，九〇年代已出現教育改革之呼聲。教育之人本化，漸成共識。不但要求國家教

育政策與制度「鬆綁」，以使辦學者擁有更多空間；亦希望扭轉過去專技化、實用化、知識化之導向，使教育更能協助人格整全的發展。此一趨勢，正與該校建校理念相合，故因勢利導，不難得道多助，可以以新大學帶動新風潮、建立新典範。

該校建校之初，即已研擬五年發展計畫，並報部核定。其後，依該校之理念、針對該校所面臨之競爭環境，發展特色，故能風格獨具，與其他學校頗為不同。該校雖格於法令，僅能先以學院名義開辦，但自肇建伊始，一切典章、制度、設備等等即以大學自期。校地亦以一百公頃整體規劃，逐步開發。非其他私校因陋就簡、相機擴展者可比。

「南華精神」是以知識、道德、情意生命之整合，作為發展主軸；由師生共營自由成長空間，體現人文風格之校風。學生在課外活動、生活起居中學到的東西往往比課堂中要來得多，因此，以往課內／課外的區分是違背教育真正的精神。在南華，我們希望學生在校園環境、課外活動、社區參與中，都能潛移默化、自我成長，完成全人格的學習。在制度上，又以導師制度、勞作教育、學生自治與輔導、社團活動等，作為整合知識、生活、師生關係及人格陶育之基礎。

一、教學方針特色

(一) 通識導向的教育體系

國內提倡通識教育，已歷年所，但尚未能有效落實，原因在於缺乏完整配套措施及通貫於大學體系之間的精神力量。該校則已發展通識導向之教育體系，形成下列彼此關聯之制度：

大一、大二不分系：避免專業導向、過早分流、以及功利導向

之學習態度。通識教育課程，整體規劃。結合系所專業，揭揚人文精神。

全新的導師制度：構成親密之師生關係，在知識、生活及人格各方面，師生共同營造自由成長之空間。

知識整合之系所：該校所辦系所，均具有知識整合之特色，不唯開拓新的學術領域，亦可藉課程、師資、研究課題之高度整合，避免知識偏狹、本位主義及專業切割之病，落實通識精神。

(二) 人文禮樂的精神風貌

該校認為大學不僅為求知識、謀求職文憑之場域，更是陶養受教育者人文教養之處所，故在制度上有以下相互關聯之設計：

勞作教育：學生除知識活動，如選修課程、鑽研學術之外，尚須參加勞作，建立服務人群之精神。勞作工作包括社區服務在內。

美學教育：大學生除知能及體能教育之外，亦須具備基本審美能力及美感經驗。故該校除開設相關美學藝術課程，更在音樂、戲劇、美術各領域，提供學生實作研習。

禮儀設置：透過成年禮、射禮等禮儀活動，使學生獲得生命的體悟。

自主管理：以小班精緻化的教學、學生生活的自治、廿四小時開放閱覽的空間，無管制的圖書館……等制度，開創大學管理新模式，並達成學生知識、道德與情意生命的整合發展。

(三) 結合社會的綜合大學

該校認為大學非孤立的學術殿堂，它既是知識文化創造的機構、知識分子之社群，即應扮演社會發電機之角色。何況該校辦學資金來自十方大眾，自亦宜以十方社會為服務對象，逐步達成中國

古代大學「化民成俗」的理想。此與一般大學所辦推廣教育不同，亦與「教學、服務、研究」分立之觀念不同，因此該校擬逐步發展社會整體教育網絡。

二、系所與課程規劃

該校系所之規劃，係根據該校總體發展目標而制定，其規劃之原則如下：

(一) 以社會需求為考量

該校系所之規劃，對於學生就業出路以及國家社會需求均先加以審慎評估，俾使人盡成材，進而人盡其才。

(二) 以人文系所為主體

該校秉持人文精神之導向，因此目前的系所設置及規劃，均著重於人文、社會學科。惟該校亦十分強調人文與科學之對話，因此，亦成立一些具科際整合意義的系所 （如環境與藝術研究所等）。

(三) 以創新領域為號召

該校系所的設置，十分強調創新性，以期建立該校在特殊領域上的學術地位。例如，生死學研究所、亞洲太平洋研究所、教育社會學研究所、出版學研究所、應用社會學系……等等，均為國內之首創。

(四) 以整合研究為目標

該校自我定位為「研究型大學」，因此目前規劃的研究所數目約為大學部數目的兩倍。在各系所之間，該校則提倡科際整合，除強調系所間應相互支援外，同時亦鼓勵教師進行整合性研究。

三、基本組織建構

(一) 通識教育中心

　　通識教育是台灣實施教育改革的重要趨向，該校對此尤為重視，為貫徹通識教育理念、實現全人格教育理想，特於八十七年度實施大一、大二不分系。此一政策既是國內之創舉，故無範例可循。本中心為不負所託，除已擬定法規並經報部核准，以為執行之根據外，並廣為參酌國內、外相關資訊，多次召開校內說明協調會，以調節開辦前之充分準備。當前我們參考國內、外的辦學經驗，著重在主體性、歷史性、整合性、創造性、多元性、一貫性的方向發展。

　　該校通識課程之規劃兼具實驗性與創新性，其教學及行政制度的規劃，在國內亦可謂獨樹一格，該校通識教育的目標，南華管理學院畢業學生應具有如下的宏觀：

　　　宏觀人類文明過去、現在與未來的視野

　　　調和人類心靈各種價值理想的洞識

　　　包容、理解、欣賞一切另類異他的胸襟

　　　不落窠臼，勇於創新的批判性心靈

　　　敏銳體察生活世界所蘊蓄之意義與情趣的覺識力

　　　認識自我，相信人性，尊重自然，嚮往神聖

　　行政單位方面，教務處乃大學基本建制之一，主要業務包括教學及其相關之工作。依據大學法，教務處得設註冊組、課務組、出版組等單位，分別掌理學籍、成績、課程規劃、選課、考試、籌設新增系所、教材講義印製等業務。但該校因設有編譯中心，負責教師出版事宜，故不再設出版組。同時，鑑於近年來高等教育開放競爭，該校為保障創校之教育理念得以落實，特增設教學品質策進組，負責教學品質評鑑、學生學習適應評量管制、教學研究、教學服務等業務。

　　該校雖屬草創，但籌創經年，在創校理念的規劃過程中，曾再
三省察百年來中國人辦理高等教育之優劣得失，並參酌西方大學體
制變遷及其最新發展趨勢，特以「精緻教學」、「中國傳統人文精
神」等理念形塑該校風格；因此，如何落實該校創校之基本理念，
教務處實屬於關鍵地位，但距理想仍有差距，許多業務仍必須加強；
約略言之，有以下四個重點：

　　(一) 行政作業自動化

　　中長程發展計畫中，教務處在業務上依全面品質管理（TQM）
理念，逐步推動行政作業流程標準化以及業務電腦化，來節省時間、
人力，提高行政效率。法規明確化是一切行政工作依循的基礎，所
有教務相關法規、章則亦必須儘速確立及齊備，以免作業標準無法
建置，品管標準不穩固，影響服務品質。

　　(二) 建立制度、加強協調

　　在職能上，教務處為協調、輔助單位，以行政機制支持該校教
育理念的推行。即扮演推動各教學單位與校務發展之配合及協調角
色，運用制度性原則及行政機制給予教學單位、中心發展教學理念
之空間，如同太空梭輔助推進器，協助系、所運作上軌道，即行脫
離主體由系所自行發展，避免干涉系、所自主權。

　　(三) 整合教學資源

　　教務處調適資源分配，以整合師資、教學資源運用為發展方向，
鼓勵跨學門合作及促發團隊間的交互激盪，產生創意性的思維模
式，擺脫封閉式的閉門造車法，代之以協調溝通的開放體制。

　　(四) 提昇教學品質

　　為維持該校教學、研究品質及提升學生素質，教務處將設立教

學品質保證制度並以獎勵方式，鼓勵教師從事教學、研究、服務（輔導）工作；對於學生課業亦要求嚴格把關，及給予適當課後輔導，以符合該校發展為一所精緻與研究型大學的目標。

學生事務處本著服務的精神，為推展對全校師生各項服務，在業務職掌上，又區分為下列各組，以利任務推展。目前編制在學生事務長以下區分課外活動指導組、生活事務組、心理輔導組、衛生保健組、勞作教育組五組。

學務處綜理學生輔導相關事項，對學生生活、課外活動、衛生保健、心理輔導諸項工作，除具教育任務外，亦兼具服務之使命。依據學生之需求，提供適度之服務。

學務處可適度提供人力、物力，支援校內各單位辦理各項活動。

學務處兼任教師除參與其建制單位之研究工作外，亦可運用學務處資源實施上項各種教育工作或與學生事務、心輔、訓育相關之研究。該校初創，現已著手進行與勞作教育、導師制度相關之研究。

學生事務繁雜眾多，舉凡同學的食、衣、住、行、育、樂，都與學務處息息相關。面對學生相關事務，學務處需要與其他單位協調，以完成相關事務的配合。學務處自我定位為一服務單位，針對與學生課業之外的諸多活動，提供規劃與業務執行的服務。

總言之，學務處站在服務同學的立場，提供各項不同的活動，以彌補正式教學系統所無法提供的教育訓練相關事宜。學務處在中程校務發展計畫中，應扮演學風樹立、建立校園風格及傳統的角色，我們也以建立「南華精神」的推動者自居，希望能夠建立活潑而積極的校風。

　　建校以來，秉持天人合一的精神，儘量隨順物貌，人只是如其分地悠遊其間，如其分地擔持著天地人的傳承，故空間之設計規劃與精神之復現，都是以白鹿洞書院與復性書院為鵠的，以受業學生為主體，以教師之傳道授業為考量，故設計很多唐式與和式教室，教室之案椅特別商請顏崑陽教授做復古式的設計，並以實心柚木手工細造，文會樓逍遙堂購置奇木傢俱，成均館頂樓籌設露天休閒茗茶區，竹林中造設拱橋來搭配自然景觀，並堅持興建小木屋高級別墅，來安頓素孚名望熱心奉獻的老師，更成立雅樂團，鼓勵師生最少學會一樣中國古樂器，落實美感經驗，各公共空間及迴廊展掛名家字畫，都是人文理念的一貫展現。

　　然創校伊始，祇具雛形，擘畫未來，工程浩繁，仍有賴萬眾一心，同德力赴，總務處目前編制員額約四十名，為精簡人力，提昇效率，採取打破建制，任務編組的方式，設有事務、營繕、出納及文書保管組等，採購、警衛、交通、工友等人員，皆由事務組長統轄管理，平時各有分司，責任明確，遇有重要工作時，則可不分彼此全體動員，充分發揮統合力量，如此才能在創校初期，從無到有的過程中，以最簡單的組織，應付千頭萬緒，既繁且重的工作，並獲得最顯明昭著之成果。

　　中程發展計畫中，該校會計工作以配合學校發展需要，達成各項資源之有效運用，提昇工作品質及效率，支援教學及研究，配合募款工作及健全財務結構。會計室的特質在於：

　　(一) 專業化：提昇會計專業能力，提供正確快速之財務資訊。

　　(二) 合理化：配合學校發展需要，簡化作業流程、修訂相關之法規。配合定期開支預算執行檢討會議，作雙向溝通，以提供同仁

明確之報帳程序及會計相關資訊。

(三) 現代化：推動會計資訊系統，以提昇工作品質及效率。

為支援該校教學活動及推動行政業務之進行，設置秘書室，依工作職掌分為秘書組與公關組，另有常設之學術交流委員會亦在本室運作。

秘書室除了擔任校長的幕僚工作之外，更希望在溝通協調的功能上，能扮演更積極的角色。在與外界的聯繫上，希望能更有效的運用社會及媒體資源，強化各界對該校的認同。

在國際學術交流工作上，除收集各項資訊以服務師生外，亦積極與外校聯繫，主動邀請相關人員來訪、議定合作協約，建立國際學術地位，逐步建立該校為國際教育組織。

人事室的主要工作則為：

校內

提供教職員相關業務之服務事項。

提供各單位相關業務之行政支援。

與各單位配合，提供學校活動相關業務之行政支援。

校外

參與主管機關舉辦之業務相關活動並提供行政支援。

提供該校承辦之校外活動相關行政支援。

人事室本著配合學校新系所成立暨組織發展，規劃合理人力資源：四年內達到合理之師生比，專任教師與學生比為 1：12，專任教師加兼任教師與學生比為 1：10（4 位兼任教師以 1 位專任教師計）。

　　研究發展室為配合校務整體發展目標，擬定校內各單位未來之發展重點，所作之規劃是整體性及全面性的。規劃工作不能以閉門造車方式去建造空中樓閣，而是應擷取他人之長，棄己之短，不斷地學習、修正，以成為一具有競爭性、學習性與開發性之單位，並使創意與務實相結合，以提升該校研究發展之品質。

　　該校研發室創立之前身為研發組，隸屬於秘書室，負責業務以辦理該校教師各項研究業務、協助秘書室公關及法規彙整為主；隨著校務發展，研發性業務增加，原組織架構已無法完全發揮其功能，校方鑑此，乃於民國八十七年二月一日正式成立研發室。其設立之主旨為透過研發作業，使校務持續成長。

　　鑑於該校初創，人力、物力均無法與資深公私立大學相比。研發室為能有效運用現有資源，將年度工作重點置於整合研究資源，形成發展特色。現今公私立大學各研發單位甚少推動校內跨系所合作之整合性計畫，資源重疊浪費情形相當普遍，因此，研發室擬支援該校各系所及重點研究室，提出整合性計畫，協助爭取校外資源，冀能依此利基發展，使該校在此特定之學術專長領域中，逐步成為台灣乃至國際上之研究重鎮。

　　為有效推動校內研究發展工作，研發室在校務發展中宛如「全球衛星定位系統」，其功能發揮於其「前瞻性」眼光，明確鎖定發展目標，清楚地告知各單位發展位置及進度，避免校務發展偏離重點方向；為維護計畫品質，採取客觀之科學化方法，運用統計與系統動力學預測模型，真正發揮管考之功能，如同汽車油表警示校內資源運用的合適性與正當性。

　　支援單位包括電子計算機中心與圖書館等，電子計算機中心之

設立目的旨在提供完善的資訊科技環境，整合全校資訊資源，支援全校各單位之教學與研究，致力於校務行政自動化之推展及推動地方資訊教育。

　　該校為一著重學術研究，強調科際整合，走向國際化的研究型綜合大學。為能落實辦學理念，資訊中心乃以前瞻的考量及整體規劃，發展如下之特色：

　　　建立完善、快速、穩定的網路環境。

　　　推動校務行政電腦化，提高行政效率與品質。

　　　建立全天候、全面性良好的教學研究及行政資訊環境。

　　　運用資訊科技，突破傳統教學方式，達成「處處是教室，人人有書讀」的理想境界。

　　　引進最新資訊科技，提昇該校資訊科技水準。

　　　推動地方資訊建設，提昇地方資訊水準。

　　就該校發展而言，電腦的應用是使校務得以迅速且順利的推動的重要工具。資訊中心自我定位在提供充分的資訊服務與技術支援、建立完善的校園網路、建立師生完美的資訊環境，並推動校務行政電腦化、整合全校資訊資源，以達到辦公室全面自動化。另外也積極推廣地方資訊教育，提昇社區資訊科技水準。

　　圖書館為學術研究的心臟，尤其在大專院校以至研究導向的各學術單位，圖書館所扮演的角色相形下更加重要。圖書館自民國八十四年草創進行籌設建館後，便積極的進行各項圖書館發展計畫並逐年一一進行中。

　　八十七年三月，圖書館開始陸續進行遷館作業。配合整體的業務自動化，也在同年的一月初左右進行自動化系統的安裝，並進行

各項測試。新館的整體規劃工作上，館舍設備方面，已完成主體設
備的定位，電腦等相關硬體亦已完成，並於五月底正式開放新館使
用。

　　圖書館發展本人文教育精神，積極努力地充實本身設備、資源，
依循校務的中長程發展目標，配合館務發展趨勢及讀者對於資源的
需求，在新的年度開始，圖書館亦將對於現行的作業內容及組織架
構做改革性的調整，以期圖書館能朝向標準化、資訊化、國際化的
大目標邁進。

　　學校籌設之始，便已積極進行圖書期刊採購與募書活動，以作
為大學圖書館建館之藏書基礎。因此，持續性的館藏充實與相關採
購換贈及「佛光緣」募書工作，實為學校日後擴充發展的重要磐石，
此乃圖書館長期性之重點工作。

　　圖書館新館已落成使用，面積達 15000 平方公尺。新舊館舍可
有 1400 個閱覽席位，藏書量達 50 萬冊以上。除規劃各類舒適便利
之閱覽及資料典藏空間外，並規劃若干研究特藏專區。除在現有基
礎上漸次整理規劃具特色的館藏區及使用空間外，電子化、數位化、
網路化圖書館建設，所需配合的軟硬體設備也將逐年增加改善。

　　未來除持續建立各類圖書、非書資料的網路化查詢及資料取得
外，並加強校內與館際合作連繫，以強化服務讀者功能；且逐步建
立各類索引資料庫、系所資源庫，並嘗試建立人文社會科學方面的
「共享資料庫」。另外，因應傳播資訊型態的變化，與研究型大學
圖書館「質的提升」，研擬完整的人力資源提昇及館員進修方案。
計畫建立「學科專家群」與成立「研究中心」，漸次轉型成研究教
學式的整合型資訊傳播中心，以整合各有效教學資源，提供質高精

準的研究支援，達成專業研究能力提升的重要橋樑。

　　宗教文化研究中心為該校重點支持的研究單位。宗教文化研究中心本著對宗教的關懷，持續推動宗教學術活動，並進行宗教研究與學術推廣工作亦自行規劃，推動大型研究計畫，主要方向為台灣現有的各種宗教現象。計畫執行以實地調查與文獻研究同時並重，同時接受其他政府機構或學術、宗教機構的委託，主持各種與宗教有關的研究計畫。

　　自行規劃研究計畫，以及接受相關單位的委託研究，多與鄰近鄉鎮合作，建立地方民間宗教文化的研究根基，以帶動地方對宗教文化歷史的關心，培養地方人士對地方資產文化的熱愛與研究。

　　承接多項宗教研究專案，培養宗教文化的專業學術人材。

　　推廣各種宗教文化教育，落實與完成宗教文化的文明智慧。

　　舉辦各種宗教交流活動，積極參與各種宗教的社會教育，帶動宗教文化的生活實踐。

　　有效統合各種文化資源，整理台灣現有各種宗教文獻與資料。

　　整合各種宗教文化資訊，促進宗教之間的互助與合作。

　　除了專任教師兼任宗教文化中心研究員外，建議能有專職研究員及研究助理之編制，以及研究經費之編列。期望成為全國宗教文化的研究重鎮。

　　藝術文化研究中心於八十五年成立，負責協助推動校內藝術學術研究；蒐集各種相關圖像資訊，以提供藝術研究、教學、推廣、應用所需；推展社區藝術教育活動，將藝術實際運用於學校及社會生活。在校內主要扮演藝術研究、服務及教育推廣之角色，並以學校為中心，逐漸推廣至社區與社會。至今已建立通藝堂、雅樂團與

南華鼓隊等軟硬體相關建設。

藝術文化中心自創校以來即協助設計並規劃成年禮儀式、成立雅樂團與鼓隊、購置擴充樂器及服儀、執行師生音樂藝術教學活動；就活動之規模與態勢而言，實已成為該校特殊環境特色，且為外賓蒞校視訪重要項目之一。

爾後發展除將繼續推動前述相關業務，並增廣藝文活動之領域，期能達成「以出版品展示研究成果、以專業推展教學活動、以展演活動發揮服務功能」之目標。

藝術文化研究中心之自我定位為：貫徹禮樂治校精神、推廣藝文活動、展現校園藝術氛圍的藝術研究與教學服務單位。除提供該校美學與藝術相關科目之規劃與教學諮詢，並通過各項藝文活動、藝術研討會之聯繫與舉辦，以求達至社會各界對該校之認識。

推廣教育中心自創校已來，在歷任主任領導下，已略具成效。教育部發布終身學習政策及回流教育的各項鬆綁政策後，社會對推廣教育之服務需求愈來愈殷切；因此，推廣教育之推動應有二方面之效益，一方面為提供社會一個終身學習的環境，提昇社會大眾的知識水準，並滿足社會大眾的學習需要。另一方面則為學校創造了知名度，提昇了形象及廣結善緣，並為學校同仁擴展實務經驗及創造了校務基金。

推廣教育中心為該校對外推廣與合作之窗口，以積極落實教育部揭示之終身學習、回流教育、第三國道等教育政策為目標，目前發展特色有以下五點：

地區普及化：推廣教育中心著重在整合校內外人力資源，以地利之便為雲林、嘉義、大台北等地區民眾，提供終身教育與繼續進

修之開放管道，以及提供嘉義地區各機關團體委託研究之龐大學術陣容。

教育一貫化：該校推廣教育涵括男女老少之終身教育，以增長國人基本生活知能、增進工作技能、擴展生活領域、充實精神內涵等為方向，包括基本教育、進修教育、生活教育等活動機會，可以自幼到老終身學習。

課程多元化：涵蓋全民終身教育所需課程，包括企業管理、人際關係、身心發展、國際關係、生死學研究、出版學研究、資訊管理、傳播管理與實務、文學、哲學、美學、宗教學等多元領域，讓民眾有多元選擇。

推廣國際化：推廣教育中心另一大特色即推廣教育國際化，已與美國西來大學、北京現代管理學院、羅斯聯邦外貿學院、俄羅斯州立遠東大學等校建立推廣教育合作協定。

理論實務化：推廣教育學員均為社會人士，故課程設計著重理論與實務並重，以符合各界提升人力資源之要求。

一、南華 2000 整體校務發展規劃

(一) 計畫擬定、執行與管考

南華創立多年來，成長茁壯之動力，點點滴滴皆是源自於社會大眾之熱心捐輸。所謂施主一粒米大如須彌山，該校教職同仁時刻莫不以競競業業的心情從事「化成人文」培育國家、社會人才之工作，不敢浪費點滴資源。南華於 1999 年 6 月 28 日奉准改名為大學，全校同仁欣喜之餘，更感責任加重。因為這又是另一個變革的開始。

「承先啟後，反省批判；汰劣革新，滌盪故陋」是南華教育改革的基本理念。以強化專業為主軸，亦絕不棄置人文素養之培育；

在結合中西教育傳統上，南華以超越但穩健的方式進行教育改革，由通識博雅教育的薰陶，引領學子沉浸濃郁，化成人文。但南華的教育取向不是復古，而是創新與圓融，期盼導正當今社會崇尚功利與虛飾浮華的取向，轉而配合國家教育改革理念及結合當代世界發展之新思潮，將過去精緻化的學風，轉變為質量並重的綜合性大學。

為貫徹知識整合與人文精神理念，並能發揮教育前瞻性與特色，該校訂有一完整之實踐體系作為標竿，並時時惕勵自己不進則退，南華規劃的策略如下：

一、掌握成長的方向與腳步──在追求卓越之信念下，加強校務發展，對人力資源的質與量多作經驗累積。

二、塑造優良之組織文化──激勵冒險、開創之精神，接受不同意見與溝通建言，強化團隊之競爭力。

三、落實管理機制──透過分散式決策與授權，對自評結果與管理落差作檢討；強調組織之效率與效益。

四、維護信念系統──校內主管對組織核心價值深刻了解，並作上下層級之溝通。

所謂「坐而論道」，不如「起而力行」，西諺亦云：「滾石不生苔」。南華認為，唯有組織全體學習機能保持通暢而且有具體可行之實踐方式，方能成為有源頭活水之清流，而不是一灘無競爭力的死水。南華期盼以「具體力行，實踐願景」之精神，先從組織文化的變革，改善教學與服務的品質，提昇溝通與效率，在二十一世紀高等教育的競爭中能脫穎而出，為中國的高等教育變革再添新史。

該校於八十八年八月一日晉名為南華大學。為使校務行政及制

度運作維持順暢，並配合組織結構調整，行政程序改為三級三審制，已積極增修校內各項（含人事等）相關法規，以符名實。

　　目前該校重要人事法規如：「教師申訴評議委員會組織及評議要點」、「學術與行政主管聘任辦法」、「教師評審委員會組織章程」、「教師聘任及升等審查辦法」、「聘任專業技術人員擔任教學辦法」皆已重新修訂並通過校務會議陳報教育部審核通過。另外法規如：「教師待遇與服務規則」、「職技人員任用待遇服務規則」、「職工人事評議委員會組織章程」、「職技人員進修學位辦法」、「教師聘約」等相關法規，亦重新修訂並於行政會議中通過。皆能順行相關權責，收綱舉目張之效果，並統一由秘書室負責全校法規匯編之工作。

　　健全的制度為組織發展之基礎條件，多年來該校推行「制度治校」理念，已有良好之績效，並獲得多數同仁之認同。如車有軌，依循則順達。人事諸多不必要之分歧與紛爭，亦自然和諧化解。並因擁有良好之人力資源培訓機制，該校整體員工素質與工作效率，近年來亦大幅提昇。

　　該校自創校以來，不僅免收學雜費且提供各種工讀機會，並設置佛光、書卷、社團之光、論文、勞作教育獎學金，且有學生急難慰助金及畢業生獎勵金等多項措施。另外從八十九學年度，開始由學雜費收入中提撥 3%-5%作為工讀金、獎學金，以嘉惠更多學子。

　　該校多年來，致力於推廣教育、產學合作及學術研討活動等，且自八十九學年度開始收學雜費，預期財務結構，將由佛光山信徒捐贈收入，轉成學雜費、產學合作、推廣教育等收入，希望能達到自給自足目標。

　　然而，自八十九年七月至十二月為止，在短短六個月當中共有
31 位教師離職，接近總數的三分之一，在短短經營四年後，專任
教授也離開了整整十位，其中來龍去脈相當耐人尋味，在此對於排
除異己與清算鬥爭的話題不願多著墨，但卻是存在著合理的懷疑。
由於人事異動頻繁，幾乎每年都在更換行政主管，甚至有系所五年
內換了五位系主任，且少有蕭規曹隨承先啟後的精神，多是另起爐
灶、否定前人規章。第一年創校教師 28 位，如今去職過半，先烈
多於元老，可見變遷之大。而八十八至八十九學年度，全校教師人
數不增反減，學生人數卻已由創校第一年的 78 名遽增為 1500 名，
師生比已漸漸回到辦得很久的一般國內大專院校。

　　一年少聘教師百名，省下一億支出，算是對佛光山與佛光百萬
人興學的信眾交代與回饋吧？至少該校校長在 2002 年中長程委員
會中很驕傲的宣布。反正辦教育就好像水果攤上的蘋果，久久不見
其外觀爛。教育，本是良心事業。

　　民國八十八年 1022 嘉義地震，南華人逃光，任由震鬆的水管
淹了圖書館，之後既沒人負責，也沒人追究責任；之後，千萬元辛
苦購買的圖書以「水漬書」便宜賣了，也成為該校向佛光山沾沾自
喜邀功的「收入」。這些書籍損毀消逝後並未再添購。對於讀書人，
眼見書籍如此備受蹂躪，是心中滴血，對於企業經營者而言，則已
收短利。

第四節　研究型的學府：佛光大學

　　古時孔子帶著弟子周遊列國，有「遊」的特質，西方亦然。歐

洲大學以學者（教授與學生）為靈魂，因故得遷徙之，不為地域所限。例如巴黎大學部分菁英遷往英國，而有牛津大學；其後又因師生與地方人士衝突，菁英遷往劍橋，而有劍橋大學，再有轉往美國者，而有哈佛大學。二十年前比利時因族群衝突，魯汶大學菁英遷往二十公里外之荒地，建立新魯汶大學，而有今天「天主教荷語魯汶大學」與「天主教法語魯汶大學」之分庭抗禮。柏林大學在大戰後因政治意識型態而由東區遷往西區，是為柏林自由大學，舊址則稱柏林洪堡大學。佛光南華不一定在大林，可往宜蘭，也可到台北台中或是洛城；只要大家跟著靈魂人物走就好。

　　佛光大學是蘭陽地區第一所在地的大學，校址位於宜蘭縣礁溪鄉林美村，鳥瞰蘭陽平原及龜山島，景緻優美。佛光大學由星雲大師創辦。自 1993 年開始籌設，其間歷經七年的環境影響評估及校區雜項工程施工，投入十數億資金，及無數人力物力，2000 年 9 月正式開學。該校共有校地面積 56.6 公頃，採整體規劃、逐步開發之方式，第一期校舍建築面積 18245 平方公尺。在建校初期，先成立人文與社會兩學院，將來再予擴大。該校為因應開學初期教學之需，並推展社區終生學習、服務宜蘭地區民眾，已請佛光山教團將宜蘭市中心之雷音寺舊址改建為十四層大樓，由該校租用其中地下三層至地上六層，做為該校城區部蘭陽文教中心，總樓地板面積 14330.64 平方公尺。

　　依據創校校長龔鵬程教授所述，佛光大學的特質有三，(一)人文精神的學府：佛教所辦的廿一世紀人文社會綜合大學；(二)精緻教育的大學：為台灣高等教育提昇品質的新大學典範；(三)研究創造的機構：具未來導向與創新精神的教育領航者，該校以建立精

緻教學體系，發揮人文精神為特色。

　　該校籌備多年，相關師資設備均已齊備，且多位籌備人員亦具有創辦南華管理學院及促成南華大學改制之經驗，續辦佛光大學，自有充分信心，可將該校辦成一流學府。現已有圖書十二萬冊，目前包含：王雲五先生藏書約 70,000 冊、西文圖書約 3,000 冊；中文圖書（含大陸圖書）30,000 冊；西文期刊 143 種、中文期刊 170 種、日文期刊 3 種；87 席閱覽席次。目前已使用自動化系統，並提供光碟及線上資料之檢索。目前學校應聘教師專任 34 人、兼任 14 人，師生比為 1：2.5，其中專任教授 19 位、兼任教授 7 位，質量俱優，前景可期。

　　2001 年增設哲學研究所、歷史研究所、文學研究所博士班、宗教學研究所、教育研究所、社會學研究所、經濟學研究所以及傳播學研究所，共八個研究所。

　　佛光未來學研究所是國內第一所結合未來研究理論與應用，藉以探索未來社會發展趨勢的研究所。邁向新世紀之際，人類社會的變遷將千百倍於以往的任一世代，相對地，也將遭遇前所未有的衝擊。值此關鍵時刻，擁有前瞻與預測能力者，將是未來的成功者，否則必然是深陷危機之中。個人如此，企業與各種組織團體亦然，政府部門更是如此。「未來研究」已然成為二十一世紀的主流知識體系之一。因此該所不同於傳統的分科分系的知識領域，而是採取「科際整合」的研究，一方面建立未來學的理論體系，另方面對於社會進行整體性的研究，期使具備整合性的觀察與預測的研究態度與能力。課程規劃為未來學理論與方法論的訓練，以及未來趨勢的探索。前者在奠定未來學的研究基礎，後者依據將未來趨勢的研究

分成五大範疇。

五大範疇是：社會的、經濟的、科技的、環境的、政治的未來。學生的研究方向則以其專業為導向發展其適性的研究能力。

該所未來發展的方向是：在研究與教學的主架構下與全球未來學研究與教學機構聯繫與交流，藉以使該所在可預見的未來成為全球未來研究網絡的重要一環。此外亦將以國家的未來為導向之一，與產業界及政府機構等合作進行未來學的紮根與發展工程，使未來學能在國內落實，裨益吾人的社會。

現行的生命科學的研究是走解析的路線，而佛光大學生命學研究所則是走整體觀察的路線。現在的科學由於囿於測量，因而只看可以測量得到的物質和能量部分，對於不能用測量的辦法來偵知的信息與心智這兩部分，就視若無睹，甚至否定它的存在。而東方的宗教都在探索這兩個不能被量知的部分。唯有把可量的物質和能量部分與不能被測量的信息和心智合在一起，做總體的觀察，方才可以真正的瞭解生命究竟是什麼一回事。因此，課程的設計和未來研究方向是朝整合自然科學、生物科學和人文社會科學的方向進行，以整體綜合瞭解生命的結構及其運作和功能為發展的目標。

課程規劃分為五大類，(一)自然科學：普通物理學、電學、電磁學、物理學史、自然科學發展史、量子論、碎形論、全息論、系統論、人體潛能。(二)生物科學：生理學、病理學、中醫學、中藥學、信息醫學、另類醫療、營養學、推拿、民間醫療、針炙、催眠與身心健康。(三)人文社會科學：文化人類學、考古學、宗教社會學、宗教人類學、中國哲學史、西洋哲學史、世界宗教史、中國宗教史、經典導讀、民間信仰、容格心理學、中國仙道的研究、易經

與占卜、人與環境、禪與身心健康、西洋特異功能之研究、東方神秘學、超心理學研究。(四)基本實習：氣功、靜坐、心物感憑、穴道電檢儀、念力感應、用「心」種植物、中醫、推拿。(五)語文：高級中文、英文、德文等。

　　政治學研究所訓練具有國際視野及地方關懷之新世紀政治人才，課程有政治學方法論、二十世紀西方政治理論、社會科學統計、問卷調查與抽樣方法、台灣政治思想概論、西方政治哲學流派引介、國際衝突理論、國際政治經濟學理論、政治發展與變遷、政策制訂與政策評估、政策科學、政治風險分析、國際經濟與全球化、政商關係、台灣東部研究專題、新菁英理論專題、國家理論、資訊政策專題、高科技產業政策專題、高齡化政策、族群與少數民族政策等。

　　文學研究所發展的重點是華文文學之區域對話、中外文學理論之探索以及當代意識之文學研究，主要課程有小說專題研究、作家創作經驗、二十世紀文本分析理論、二十世紀文化理論、中國文學史專題討論、中國文學理論專題、台灣文學研究專題、大陸地區文學研究、華文文學研究專題、治學方法與論文寫作、文化研究專題討論等。

　　藝術學研究所發展方向為：(一)文化脈絡的藝術學研究(二)藝術研究的科際整合(三)中國藝術詮釋主權的建立(四)台灣當代藝術發展之研究(五)數位藝術的發展與研究(六)宗教藝術之研究。課程規劃有文化美學、禪藝術專題、藝術創作的國民性研究、藝術史研究、藝術人類學、中國人文與中國藝術專題、博物館原論、台灣民俗、藝術電腦、藝術實習等。

　　資訊學研究所是一所兼具資訊科技應用與人文社會關懷的整

合型資訊相關研究所。有別於傳統的資訊工程、資訊科學、資訊管理等資訊相關學門，該所在注重資訊科技發展與應用的同時，也強調與該校未來學、文學、藝術、政治等研究所豐沛的人文社會資源以科際整合來達到「人文科技資訊化」以及「加強人文社會關懷」目的的具體實現。　在此全方位的思維訓練下，該所的學生除懂得善用資訊科技於更多、更廣的領域外，更能進而化解數位化時代裡資訊科技帶來的社會衝突。

　　佛光資訊學研究所的未來發展，將以資訊學門為研究基礎，推展理論與實務結合之應用性研究，並在配合地方建設需要進行產官學合作的考量下，來整合資訊、人文社會及其他相關學門發展「資訊群」學科。為符合數位化時代的發展趨勢以及國家社會需求、同時也配合該校發展方向和特色，發展的重點方向及其配套之課程規劃如下：

1. 資訊學門基礎性研究：資訊學、軟體方法論、高等資料庫、電腦網路、高等演算法、物件導向分析與設計、軟體系統評估等。

2. 資訊與人文社會：資訊社會、資訊倫理、資訊政策、資訊與人文、資訊與教育、資訊與法律、資訊安全、資訊經濟等。

3. 資訊與數位藝術：多媒體資訊系統、資訊傳播、數位影像處理、數位音樂等。

4. 電子商務與智慧型決策支援：電子商務、網路行銷、電子化企業、全球供應鏈規劃與管理、知識管理、決策支援系統、人工智慧、資訊資源規劃等。

　　佛光大學是全國第一座新設私立大學只設立研究所的研究型
大學，該校以研究帶動教學，自期開拓國內嶄新的學術領域。同時，
該校具有精緻化的特質，不僅讓台灣多一所大學，而且是一所注重
人文品質的大學。在教學方面，系所之擬訂、師資之延聘，均朝跨
學科領域方向而設計，避免本位主義，促進學科資源整合。

　　支援教學的設施除了圖書館外，更有電算中心，電算中心設立
目的在整合全校資訊資源，提供完善的資訊科技環境。除建立完善、
快速、穩定的校園資訊網路外，並運用資訊科技，建立全天候、全
面性良好的教學研究及行政資訊環境，突破傳統教學方式，達成「處
處是教室，人人有書讀」的理想境界。負責校務行政電腦化系統之
開發與維護，提高行政效率與品質，進而推動地方資訊建設，提昇
地方資訊水準。為配合學校的整體發展及未來資訊社會之趨勢，該
校一開始即採用目前最快速且穩定的網路架構，藉以突破現今網路
頻寬不足之限制，享受便捷快速的網路資源。目前在蘭陽文教中心
建置約有 300 個資訊點，並提供校外撥接服務。教師教學研究及行
政作業用之電腦，規劃一人一機；供學生研究用之電腦設備，人機
比亦達 1:1 左右；電腦教室並規劃作全天候 24 小時開放，提供教
職員生更便利的資訊環境。

　　該校尚設有編譯出版中心，建立大學出版的理念，出版相關學
術研究及蒐集編輯各種學術文獻，提供研究、教學、推廣及應用之
需，重建大學出版社功能，致力成為具有特色的學術出版重鎮。建
教合作中心為配合國家文化發展、推展該校建教合作計畫，依其性
質分為「學術研究」、「服務性研究試驗調查」、「人員交流訓練」、
「學生實習獎助」等四種。

推廣教育方面，由於大學之教育應為全人教育，但任何一所大學均不可能提供所有的知識與教育內容。未來將廣泛與社會結合，發揮文化教育功能，開辦推廣教育，不僅可協助社會發展，亦能促使大學機能活潑化。該校在設校之初，即與宜蘭縣工業會、商業總會、婦女會、工商婦女聯誼會、中山國際獅子會等團體合作開辦「中小企業經營管理班」、「婦女成長班」、「工商婦女領袖成長班」、「文學與影視的邂逅」、「易經與現代生活」、「暑期兒童表演藝術班」等，未來將更加強運用該校教師資源造福地方。此外，亦將成立研究所碩士專班、學分班等課程，提供蘭陽地區在職人士終身學習之機會。

第一年六個研究所招收 90 名碩士生，開學前教育部破例撥出二千八百萬元教育補助款，平均每位學生獲得了 31 萬元的額外經費，補助金額遠遠超過了任何公立大學的補助。

第八章　社會教育與信眾教育

第一節　西方社會成人暨繼續教育的精神

　　教育傳統具有兩大類型，一方面是學術性之教育，另一方面是職業與技能導向的職業教育與訓練。在涇渭分明的兩類型教育思維與體系中，社會與成人教育卻又是貫穿上述兩類型的新型教育，一則需要大學資源的積極參與，另一方面則需要發揮職業教育的功能。

　　至於西方成人教育稱之為新型教育，係因其自八〇年代起才被歐美諸國重視與推廣的緣故，以英國為例，英國成人教育策略主要是濃縮了 1983 年及 84 年間官方所發表的三篇重要文件之重點：人力服務委員會的「邁向成人訓練策略」（Towards An Adult Training）討論報告，「成人訓練：行動建議書」（Adult Training：MCS Proposals for Action）以及英國政府出版的「為工作而訓練」（Training for Jobs）的白皮書，經綜合整理成今日的成人教育策略。約在 1983、84 年間方才具體形成成人教育的策略，職業訓練的對象重點才由青少年轉移到成人（Manpower Services Commission，1983a；Department of Employment，1984）。西方對成人教育的界

定是（CEDEFOP，1981：43；G. Dahm, R. Gerhard, G. Graessner, A. Kommer, V. Preuss，1980：376-380）：

　　1. 與職業相關連的課程內容；

　　2. 學術機關或學者參與；

　　3. 受教者為了獲得學位或同質的證書證明。

　　英國為提昇生產力與配合科技時代新技能的需求，政府於 1982 年始規劃「專業暨工商課程」❶ ，提供已就業者短期在職進修機會，該計畫特色包括：（1）課程完全為職業導向，與工作有密切關係；（2）課程內容偏重於新技術方面的知識；（3）課程之內容安排與實施完全由學校與雇主合作設計，使其能完全配合實際工作上之需要；（4）課程多屬短期或兼時制課程，在課程的安排上，非常具有彈性，進修的時間及地點，皆以配合雇主與要進修者的需要為主；（5）所需的經費由雇主與進修者共同負擔（Department of Employment，1984）。截至 1986 年止，已有一百餘所大專院校參與實施此項成人教育課程，其中由大專院校單獨施辦佔 72%，工商企業界辦理者佔 14%，大學與企業聯合辦理者則佔 5%（Der Bundesminister für Bildung und Wissenschaft，1989：48）。1987 年即有六萬八千名學員，主要選擇的學科為工程科技（24%），商業（22%），科學（12%），教育（12%），醫療（3%），農業（2%）等，參與受教者明顯地是選擇與經濟相關之學科（Der Bundesminister für Bildung und Wissenschaft，1989：48）。英國人

---

❶ 該課程全稱為「專業工業商業更新知識計畫」（Professional, Industrial and Commercial Updating Programme），縮寫為「貨卡計畫」（PICKUP）。英國所稱之專業人員是指醫生、律師、會計師與建築師。

力服務委員會（Manpower Services Commission）尚有「開放技術訓練方案」（Open Tech Programme/ OPT），培育中層技術人力，也是成人教育的一部分（CEDEFOP No. 19；No. 4）。❷

　　法國實施大學成人教育較早，可追溯至 1970 年，當時已有 77 所大學與 61 所工專辦理成人教育，據 1986 年的統計已有二萬八千位教師，及超過三十六萬名學員（Der Bundesminister für Bildung und Wissenschaft，1989：6-7，22）。法國除了大學與工專辦理成人教育外，技術學院（Instituts Universitaires de Technologie/ IUT）與國立工商學院（Conservatoire national des arts et metriers/ CNAM）也辦理大學成人教育；此外巴黎工商總會（CCIP）與高等學院（Grandes Écoles）以及企業界亦大力推行大學成人教育（Der Bundesminister für Bildung und Wissenschaft，1989：7-9）。在瑞士方面，由於瑞士多為省立大學，各省大學法規不盡相同，聯邦政府統籌甚為困難，瑞士依據聯邦主義使得教育權落於各省❸，1985 年瑞士學術諮議

---

❷　開放技術訓練方案（Open Tech Programme），為加強推展技術人員之進修訓練，並且還提供基金給配合推行此項訓練方案的機構，使在職人員可以不必辭掉目前現有的工作，而能一面學習新穎的技術。開放技術訓練方案的主旨是，為擔任管理、監督或技術師等在職人員，增加訓練及再訓練的機會。此項成人進修訓練計畫，係採開放大學之精神，以極為彈性的方式，為在職人員提供進修及學習新知識與新技術的管道；開放技術訓練方案的特點除了是以開放的學習方式以外，也能針對勞力市場需求，是一項具有啟發性及職業基礎導向的計畫。此項方案訓練的項目，大部分是以科技為主，例如機器人、微電學及科技資訊等。

❸　依瑞士聯邦憲法第 27 條以及第 27 條之 2 規定，文化與教育權（Kulturhoheit）原屬各省（Kanton）。省教育部長聯席會議（Kultusministerkonferenz, KMK）是具體協商與破除各省教育差異性的常設性機構。

會（Wissenschaftsrat）敦促境內各大學實施成人教育（S. Roller，1973；Schweizerischer Wissenschaftsrat，1985），終於在 1987 年大學聯席會議中徵得十所大學答應開辦成人教育❹，至今受教者選擇的學科仍以職業導向為主，約佔 80%（Der Bundesminister für Bildung und Wissenschaft，1989：174）。

　　至九〇年後，蘇聯東歐政經大幅度調整，歐洲聯盟（European Union）領導的統合運動日益積極展開，整合理念逐步以政策或計畫落實❺，全歐化與國際化的目標亦愈加具體，歐盟在人力資源的共同培育政策下，由位於比利時布魯塞爾歐盟的執委會第五署綜理事務，另由位於德國柏林的歐盟職業訓練策進會（CEDEFOP）負責執行❻，歐盟各會員國亦設有分部❼，統籌國內訓練政策事項，並協調與其他會員國的相關事宜。面對人力資源培育與教育改革問題的思考和辯論，歐洲諸國已不再以內環境因素為核心，綜觀其發

---

❹　七所省立大學，二所國立技術學院以及 St. Gallen 大學。
❺　歐盟目前尚未形成周延性全面性的政策前，多半以計畫或行動（Program/Action）方式先實施。
❻　為彰顯歐盟第三次擴大的成果，CEDEFOP 即將遷往希臘。
❼　例如比利時的 Office National de l'Emploi/Rijksdienst voor Arbeidsvoorziening，丹麥的 Undervisningsministeriet，德國的 Bundesinsitut für Berufsbildungsforschung，法國的 Centre INFFO，愛爾蘭的 AnCO-The Industrial Training Authority，義大利的 Istituto per lo Sviluppo della，盧森堡的 Bureau luxembourgeois d'information et de coorespondance pour le développement de la formation professionnelle，荷蘭的 Ministerie van Onderwijs en Wetenschappen，英國的 Manpower Services Commission 等。

展成人教育的考量因素主要有以下八點（Der Bundesminister für Bildung und Wissenschaft，1989：XII）：

1. 知識技能的短期有效性；
2. 生活知識持續完整化與複雜化；
3. 新科技的高度研究導向；
4. 生產製造工作者對進修訓練的需求；
5. 對外經貿高度依賴；
6. 工業國家於世界市場的激烈競爭；
7. 勞動市場的結構性改變；
8. 歐洲單一市場啟動。

1993 年後因應馬斯垂克條約，展開歐洲單一市場，歐盟整合工作雖然積極從事於文化與教育方面的整合，然歐洲大學成人教育的發展，面對經濟為主的整合所帶來之衝擊，則仍以加強經濟競爭力與科技變遷適應力等為主要考量因素（Der Bundesminister für Bildung und Wissenschaft，1989：XII）。

歐洲成人教育源於十九世紀末的教育改革運動，當時一些菁英反對傳統的教育體系，希望擴大教育範圍以及增加教育對象，因此有民眾大學的創建，第一所實驗性質的民眾大學約在 1844 年於丹麥成立，其主要教育目標是強化民族主義教育❽。丹麥的格隆維治（Nicolai Frederick Severin Grundtvig）可謂是歐洲成人教育的創始

---

❽ 不僅是丹麥，日耳曼更由費希特至俾斯麥建立德意志帝國，皆重視民族主義教育。由人為的民族主義神話所形成的迷思，帶來國家之間的戰爭與族群之間的衝突，雖非本文議題；然個人並不能苟同十九世紀開始的民族主義教育。

者，他在民眾大學推行本國語文教學活動，並藉此提高國民道德與
民族意識。之後德法等國亦相繼仿效，觀諸其教學內容則主要環繞
於（田培林，1978：309-312）：

    1. 休閒生活的陶冶；

    2. 精神生活的提昇。

    歐美成人教育視為貫穿學術型教育與職業導向的教育，一方面
係由於生活知識持續完整化與複雜化，以及新科技的高度研究導
向，逼使工作者重返高等學府，尋求新時代的新知識；二方面更因
職業技能的資訊化普遍要求，使工作者為延展或甚至僅止於消極式
挽救工作機會而需重返學府，方得以在激烈競爭的時代中忐忑不安
地求生存。

    檢視傳統大學教育的特質，歐洲教育源於希臘羅馬時代，希臘
城邦的教育目標是培育公民（citizen），雅典的教育內容為哲學與
藝術，斯巴達的教育內容則為戰技，培育「全方位的獨立人格」
（well-rounded individual）（Wilma S. Longstreet & Harold G. Shan，
1993：4）。羅馬的教育內容主要為修辭學（rhetoric）與講演術
（oratory），目標是培育「商務與公共行政」（commerce and public
service）人才（Wilma S. Longstreet & Harold G. Shan，1993：4）；
也因此希臘教育下培養出蘇格拉底、柏拉圖、亞里士多德之流的哲
人與哲學家皇帝，羅馬教育下孕養出凱撒、渥大維等有辯才的領導
將才（許仟，1996：58）。既然歐洲大學教育目標源於培養哲人、
決策者、領袖的古希臘羅馬教育，由歐洲大學成人教育預期受教者
成為群倫領導的時代先驅的理念，得見其與傳統的大學教育本質相
符，而今日歐洲大學成人教育的許多課程規劃，也正致力於提供新

人類新人格的需求及新商務與公共行政方面的需要。社會服務是歐洲大學不可或缺的任務之一，與學術關係最密切的應是社會大眾、政府與企業界，七〇年代起歐洲大學加強與社會連繫，以實用性的知識領導社會各方面，研究所課程因此特別增加「專題研究計畫」的設計（Forschungsprojektsschwerpunkte），接受各界的委託研究案，譬如柏林自由大學便接受市府的委託從事五年期（1979-1983）的柏林研究，研究經費即高達二千二百萬馬克（Die Presse- und Informationsstelle der FU，1985：19-21）。

　　歐洲的職業訓練始於中世紀時代行會（Zünfte und Gilden）所辦理的手工業訓練，職業教育則肇源於民族國家興起後，各個國家與地方政府積極興辦的學校教育。其中德國的職業教育在歐洲諸國中最具特色，德國於廿世紀初定型為二元制（Duales System）之職業教育，一方面接受兩年半至三年半的職業訓練（Berufsausbildung），另一方面接受職業學校的理論課程（A. Kell/A. Lipsmeier，1976：113-116；Klaus C. Hsu，1988：2-3）。❾ 至於德國企業訓練的發展與實施，縱有政府的積極參與，然扮演主導角色的仍是企業界本身。法國則於近年來開始正視職業訓練問題，除了積極統合企訓法規、加強國家管理職權外，勞動就業暨訓練部（Ministre du Travail, de l'Emploi et de la Formation Professionelle）

---

❾　德國的職業教育為二元制（Duales System），即一方面為學徒（Lehrling，正式稱為受訓人 Auszubildende）在工廠（場）學習實務，二方面須於職業補習學校（Berufsschule）接受理論教育。一般職訓為三年，部分職訓認可職業（Anerkannte Ausbildungsberufe）受訓延至三年半是礙於青少年保護法與青少年法的規定。

與職業教育訓練計劃總署（Commissariat Général du Plan concernant la Formation Professionelle）更有效率地分別管理與規劃企業內職業訓練事誼（許仟，1990：7-9）。職業教育與訓練皆是以職業知識和技能的教導和學習為主。職業教育是一種教育，較著重於職業理論、知識的介紹，其內容較為廣泛，是奠定未來職業的發展基礎，而非謀求立即的效用，故其主要針對智能的啟發和培養，而非某項技能的熟練程度，一般藉職業學校實施之。職業訓練乃傾向於現學實用，注重學用配合的一種技能訓練和工作態度培養，而許多訓練皆是由於企業界的直接參與，因此得與就業需求相互緊密配合。既然今日的知識技能僅能實用於暫時，進修訓練勢必難免；至於獲取較高的學歷證明與本身職務晉升和工作發展亦有密切關係，因此成人教育的目標及職業教育亦更趨近了。

第二節　佛光山信眾的社會教育

一、生活的佛教

　　佛光山對於社會教育有許多的貢獻，但推動社會教育的過程，其背後行事理念為何？研究者認為就是「人間佛教」觀念的開展，將人間佛教的願景落實人間。

　　中國人間佛教的倡議推動始於民國初年的太虛大師，但此一理念的落實、實踐，並在台灣推動有相當的成果，佛光山教團的奠基與開創有相當重要的貢獻，歷史學者唐德剛更認為，佛光山的創教法師星雲，在當代人間佛教的推展佔有相當關鍵的地位。

　　依據星雲大師個人的信念，佛光山的宗風就是「人間的佛教、

生活的佛教」。而由此基本理念推演出來的佛光山四大工作信條
「給人信心、給人歡喜、給人方便、給人希望」，以及佛光人「先
入世後出世、先度生後度死、先生活後生死、先縮小後放大」的基
本態度，都可以視為佛光山教團試圖將宗教神聖領域的信仰、哲
理、價值或象徵，引介融入當代世俗社會所做的努力。而佛光山這
個將佛理推展至世俗社會的中心思想，表現在其組織發展上的成果
便是僧俗兩眾為數眾多，涵蓋教育、文化、慈善、與修行四大方向
的跨國龐大組織。在此一基礎上，佛光山教團組織對自身在世俗社
會弘法的建樹評估，顯然是相當正向的；他無論是在「事業內容、
人員培訓、制度規章和傳承歷史」等方面，皆有適應現代社會的組
織調整與制度設計，而這些作為都符合人間佛教的措施（蔡昌雄，
2000：9.4-9.5）。

　　1. 佛教活動的形式與內涵（趙曉薇，1999：215-217）

　　佛教的宗教活動形式有很多種，不但不同的支派有不同的活
動，相同的支派也因出家僧眾的關注點不同，而有不同形式的宗教
活動。一般正信的佛教道場都會定期舉辦各種佛事法會活動，如講
經、誦經、拜懺、朝山等，這些活動都是由出家的僧眾所帶領，並
且是每年定期舉辦好幾次，但現代人工作繁忙，不是所有的人都可
撥冗參加，對於有興趣參加宗教活動的人來說，一、兩次的大型活
動並不足以滿足現代人在心靈上的需求，所以在佛教組織所舉辦的
活動就愈來愈注重時間的方便性、地域的可近性。

　　許多信徒希望在自己所住的社區有一個固定且方便的修行場
所，所以由信眾主動的提供場地，如佛光山。佛光山在台灣有眾多
的學園、佛學院，分布在北、中、南區，這些精舍通常都位於交通

方便的地區，以便讓更多的社會大眾在日常生活中有接觸及參與佛教活動的機會，這是佛光山走向社會教育的一個具體例子。

2. 佛教活動的教育意義

佛教的教育是一種心的教育，透過活動的參與，希望大眾可以淨化自己、提昇自己。由佛法中去了解因果的道理，了解尊重、誠實、誠心與關懷大眾的重要。

佛教之教理強調從自利到利他，將小我提昇至大我的精神，徹底解決社會上的種種紛爭。這種對個人修行的自我要求，與對社會對眾人的利他精神，就是在創造一種社會上「良性循環」及積極的、建設性的「學習環境」（李明芬，1997）。

佛教的教育就是一種心靈的教育，追求精神、心靈的安頓是所有人的一種基本需要，並非專屬某個年齡層的專利。佛教的教育是強調眾生平等的，所以必須是適合各種人，而不論教育程度、社會地位、性別的不同與天賦差異。佛教的教育方法也是非常具有彈性的，可以依據各人不同的根性、不同的需求給予不同的教育內容。所以，可以針對不同的對象，給予適才適性的教育（李明芬，1997）。

自中國古籍觀之，多數佛寺為教育與文化活動的中心。佛寺或精寺不僅傳揚與研討佛法，亦從事翻譯、坐禪、平民教育與文化活動。1949 年後，慈航法師及曉雲法師為台灣佛教領袖致力於教育與佛教改革的代表。慈航乃名僧太虛的弟子，他曾宣稱：「文化、教育及慈善事業為佛教三個救生圈」。釋曉雲亦強調教育、翻譯與文化活動的重要性。一般而言，台灣佛教及教徒所從事的教育可分為兩方面：一是佛教教育；二是與社會有關的教育事業及特別課程。

　　清末民初，新思潮興起，國民革命爆發，中國進入一個偉大的新革命時代，在一片打倒帝國主義，打倒資本主義，打倒迷信聲中，佛教瀕臨歷史上從未有的風暴。當此之時，全國受新式教育思想洗禮的僧眾及佛教知識分子，都感到事態嚴重，認為佛教必須要整頓復興，於是在 1913 年，太虛大師提出教理、教產、教制三大革新思想，他認為今日佛教最大的問題就是把佛教與生活分開，重視出世思想，忽視人間事業。所以太虛大師著書、立言、積極從事社會利民的事業，在上海、重慶，先後創辦佛慈藥廠，於重慶、南京設立大雄中學，倡導世界佛化新運動，為弘法利生事業而努力（星雲，1997）。

　　過去的佛教較注重山林與出世的形式，現代的佛教則要從山林走入社會，從寺廟擴及家庭，把佛教落實在人間，使社會大眾生活美滿、家庭幸福，在精神上、人際間都很和諧。佛光山開山宗長星雲大師認為學佛不一定要放棄現生福樂，去追求來世的安樂，人間佛教重視的是人與人之間的和諧，現實生活的美滿與福德。人間佛教重視生活裡的道德思想淨化，以及心靈的昇華，佛光山所提倡的人間佛教，就是要讓佛教落實在人間，落實在我們的生活當中，落實在我們每一個人的心靈上。而佛光山成立國際佛光會的目的，就是要將佛法落實在人間。

　　在國際佛光會的組織中規定各個國家總會或協會得視需要，設置下屬層級組織，應以分會為最基層單位。關於佛光分會的規定則主要是以自社區、社團為學位（星雲，1997）。可見，在組織結構上，佛光分會是適合推動社區活動的，可以視當地環境的特質、居民的特殊需求辦理合適的活動。

二、女眾修行的福地：勝鬘書院

成立的宗旨是拓展女性的胸襟視野、淨化心靈，進而規劃其人生的方向，弘揚菩薩道的精神。星雲大師鑑於現今時代女性於社會所擔負的角色責任日益增加，對於社會的貢獻、影響力舉足輕重。為拓展女性的胸襟視野、淨化心靈，進而規劃其人生的方向，弘揚菩薩道的精神，乃在 1994 年 9 月成立勝鬘書院，望勝鬘書院成為女性信眾人生的加油站。

而會以勝鬘書院為名，乃有其典故。「勝鬘」是佛陀時代中印度舍衛國波斯匿王及末利夫人的女兒，因受到父母的陶冶，而皈依佛法，並以佛法幫助友稱國王，教化國中的人民，成為大乘佛教中在家婦女的典範。勝鬘書院乃提供給一般中、青年的在家婦女為主，故名為勝鬘書院。

課程包含經典概說、佛門行儀、梵唄課誦、靜心禪座等課程，並有外語訓練、參學旅遊、博覽世界各地文化藝術。

勝鬘書院對於女性同胞建立寬廣的胸襟視野，人生規劃方面貢獻卓越。有些學員在結業後仍續留山中，與佛結緣，繼續鑽研佛法。

三、都市叢林（信眾教育）

對於都市佛學院成立的緣由、成立宗旨、所提供的課程內容及其成果與貢獻，分述如下：

都市佛學院成立的宗旨在於提供佛教信徒研習佛法的環境，從佛法的研習中確立正知正見，乃進一步的以身體力行；一方面可培養研究佛法的風氣，另一方面培養佛教信徒修持的素養。

從壽山寺時代，週日的佛學講座即是寺中最受到信徒歡迎的活動，常將講堂水洩不通，座無虛席。民國七十三年九月，大師指示

有關的法師將佛學講座的規模擴大,並改變其內容型態,以適應信徒需求。為因應信徒們急切的需求,於是乃先於高雄市普賢寺成立「佛光山高雄都市佛學院」,隨後相繼成立台北普門寺、新竹無量壽圖書館、嘉義圓福寺等都市佛學院。目前國內外所成立的都市佛學院為數眾多。

　　國內所設之都市佛學院有:高雄市普賢寺、嘉義圓福寺、彰化福山寺、台中光明學苑、台中東海道場、員林講堂、桃園講堂、台北道場、內湖禪淨中心、安國寺、基隆極樂寺等。

　　國外有馬來西亞佛光山普門講堂、菲律賓描戈律圓通寺、香港佛香講堂、澳洲南天寺、墨爾本講堂、西澳講堂、美國休士頓道場、溫哥華講堂。

　　課程計有基本佛學、八宗綱要,及佛經講話,如佛法概論、般若要義、金剛經講釋、百法名門論、阿彌陀經、八識規矩頌、四十二章經、心經等;其中八宗綱要包含有淨土宗、天台宗、律宗、三論宗、華嚴宗、唯識宗及禪宗、密宗等教理與歷史。課程分別由佛光山及各分院中對該科目有深入研究的法師講授。唯課程並非一成不變,視各地區學生不同的學習需求、興趣、素質,而有所調整。

　　都市佛學院的學生都設有學籍,以兩個月為一期,需修畢三個科目。八期修滿,頒與證書。

　　都市佛學院的設立,對於有心向佛的信徒大眾、社會人士,可說是提供了一條方便的途徑。平時在社會公司機關服務,若無因緣接受既有系統並且完整的佛學院課程的信徒,可藉由此機會,能夠順利進入佛法大海,飽餐法味,接受全盤且正規的佛學院教育。都市佛學院的設立,對於佛教界淨化社會人心、提昇社會善良風氣,

可謂一大創舉。

四、佛學會考：全球同步的自我評估

佛光山自 1990 年起開始推動世界佛學會考，連續推動至今，成效顯著。佛光山每年舉辦一次的「佛學會考」報考人數逐年激增，已由 1994 年的二十萬人增至 1996 年的一百二十餘萬，這項不限年齡、學歷、宗教信仰的「自我測驗」，不僅帶動了一般社會大眾的讀書風氣，也讓監獄、看守所、觀護所的受刑人也能夠沐浴在學佛的法喜中。「佛學會考」不僅僅在台灣舉辦，在全球六大洲、五十多個國家、四百多個城市、千餘個考場、十五種文字的試題同步舉行，讓全地球人都能享受佛法的滋潤。

1995 年起，由佛光山、中國時報、聯合報所共同舉辦的「青少年佛學會考」中，更增加了「看漫畫學佛法」的方式。此「漫畫題庫」經教育部訓育委員會主委鄭石岩教授及台北市多所國中、國小校長審定會發行；教育部也擬定將此套「漫畫題庫」作為國小「生活與倫理」的輔助教材。

佛光山推動「佛學會考」的目的在於推動研讀佛書的風氣，提昇一般民眾信仰的層次，充實信徒生活內涵和培養正知正見，而佛學會考的意義、價值正是推動地球人對於「正見」的開發。

第九章 佛光山教育事業之檢討與展望

　　佛光山乃民國五十六年星雲大師所手創，三十餘年來，大師一本「欲續佛法慧命，須賴弘法人才」之高瞻遠矚及慈心悲願，披荊斬棘，堅苦卓絕，積極推展各種教育。今日的佛光山，不僅由往日蔓草雜生的荒山，一變為殿宇莊嚴的叢林，而佛光雲影，殿閣流輝；香雲繚繞，肅穆莊嚴；山青谷翠，寶橋飛渡；梵唄鐘聲，弦歌不輟，已成為萬芳企仰的佛教聖地。這些，都是大師心血的灌溉和精神感召。但在大師領導下的七眾弟子，秉於振興佛教的任重道遠，未敢一得為足，小成自滿，今後將繼續朝既定目標邁進：

　　1.禮聘優良師資，強化教育功能。

　　2.注重學術研究，復興中華文化。

　　3.實施科學管理，提高工作效率。

　　4.充實圖書設備，編纂標準教材。

　　5.推廣慈善事業，弘揚人生佛教。

　　6.推動國民外交，展開海外弘法。

　　綜觀佛光山教育事業，可分為以下四個領域：

1. 僧伽教育：包括本山叢林學院以及海內外佛學院的佛學教育，受教對象以佛光山出家眾為主；

2. 信眾教育：受教對象為佛光山在家信眾，除了佛學研討課程外，更以人間佛教的社會教育思考，規劃陶冶性情的文藝與生活實用性的技術課程為主體；

3. 普通教育：包括各道場設立的幼稚園與中學，與政府的教育體系相同，課程教材亦為教育部部訂與部編。然多少增加一點宗教課程與宗教生活規範；

4. 高等教育：除了佛學院以外，特指南華大學與佛光大學的教育，並無宗教色彩。

建議一：整合海內外佛學院教材教法，使其有一致性。

建議二：整合海內外佛學院課程與學程，使其有一貫性。

建議三：成立全球教育巡迴小組，於海內外各道場與佛學院實施有系統的短期講課。

建議四：行政中立化、專業化。

建議五：高等教育委員會或總校長的設置，統籌資源與確立教育目標，俾使西來、佛光與南華三所大學的資源互通，在各自獨立發展的同時，尚能消極性避免重疊或衝突，積極的則是相輔相成。

建議六：師資本土化與本山化。

在幼稚教育方面，似乎可以因應幼教潮流，融合盧梭（J. Rousseau）、裴斯塔洛齊（J. Pestalozzi）、康美紐斯（J. Comenius）、皮亞傑（J. Piaget）等教育哲思，以宗教心，規劃雙語、人文、網路三大趨勢的鮮活教育內容，採福祿貝爾（F. Froebel）與蒙特梭利（D. Montessori）之教學法。

　　在普中的教育，開放職業類科與普通類科間的相互選課，提供更多的學習選擇，充分發揮綜合中學（完全中學）的精神。再者，技職訓練課程與南台灣在地之工廠、公司、工廠的建教合作更需積極落實。此外，完成普中學業且成績優越者更應依據志願與專長安排直升南華、佛光、西來大學，在佛光教育體系中培育最優良的佛光學子。

　　在高等教育部分，西來大學推廣教育可加強與國內中、大學聯繫，提供多元的遊學課程；佛光大學在大師的支持下，應可持續朝精緻型與研究型的學府發展；南華大學企業化管理已有小成，尚須進階為企業化經營，其間需要佛光會信眾的持續協助。

　　國內佛學院專修部師資陣容尚須加強，學僧與學生的研究方法也應多予重視。同時也建議本山需早日完成自行培育師資的計畫工作。海外佛學院招生常有困難，教學研習時間或長或短，導致學生素質參差不齊，一旦回本山進修，也容易影響本山教學進度。建議（一）重新整理全球各地雜亂無章的佛學教育體系，規範入學資格、學期、學級以及學籍等；（二）由本山統一佛學教材，令各地佛學院能有一致的學習標準；（三）由本山訓練或禮聘組成「海外佛學巡迴教授團」，藉以補充海外師資之不足。

　　宗教團體辦教育常有其宣教的私心，佛光山興學，卻不盡然單純為弘法而興辦佛學，南華大學或佛光大學就是在星雲大師發願下成為「佛教辦的大學」，而不是「辦佛教的大學」，至於佛光以一山之力創辦三所大學，更是古今中外佛教團體所未曾有過的壯舉。就算在興辦「佛學」教育的範疇中，也不一定完全等於「學佛」；然而不論星雲大師在辦佛學教育或普通教育，都是「行佛」。

參考書目

"Spain, prepared by National Office of Overseas Skills Recognition (NOOSR)", *Country Education Profiles,* (Canberra: 1992).

Adolf Kell & Antonius Lipsmeier, Berufsbildung in der Bundesrepublik Deutschland: Analyse und Kritik, (Hannover: Herrmann Schroeder Verlag, 1976).

Alain Bienayne, *l'Enseignement superieur et l'idee d'universite,* (Paris: Economica, 1986).

Aloys Fischer, "Erziehung als Beruf", in W. Flitner (ed), Die Erziehung, Bremen: Carl Schuenemann Verlag, 1961.

CEDEFOP No. 19, (Berlin); *CEDEFOP* No. 4, (Berlin).

CEDEFOP, Beschreibung der Berufsbildungssysteme in den Mitgliedstaaten der Europäischen Gemeinschaft, (Berlin: 1981)

Department of Employment 1984, Employment Gazette. December 1984. Vol. 92. No. 12.

Department of Employment, Training for Jobs: Presented to Parliament by the Secretary of State for Employment, the Secretary of State for Education and Science, the Secretary for Wales by

Command of Her Majesty, January 1984. (London: HMSO, 1984).

Der Bundesminister für Bildung und Wissenschaft, Wissenschaftliche Weiterbildung in sieben westlichen Industrieländern, (Bonn: 1989).

Die Presse- und Informationsstelle der FU (ed.), *Die Freie Universitaet Berlin*, (Berlin: 1985).

European Commission DG X X II, "Promotion of Language Learning in Europe (LINGUA)", (URL: http://europa.eu.int/en/comm/ dg22/ socrates /lingua. html) 11. 1997

G. Dahm, R. Gerhard, G. Graessner, A. Kommer, V. Preuss, *Wörterbuch der Weiterbildung*, (München: Kösel, 1980).

Georg Kerschensteiner, "Die Schule der Zukunft eine Arbeitsschule", in: W. Flitner (ed.), Die Erziehung, (Bremen: Carl Schuenemann Verlag, 1961).

H. G. Golas, *Berufs- und Arbeitspädagogik für Ausbilder*, (Essen: 1985),.

J. H. Kane 著,黃彼得譯,宣教學概論,(印尼瑪琅:1982 年)。

J. Habermas, *Theorie des kommunikativen Handelns: Bd. 2. Zur Kritik der funktionalistischen Vernunft*, (Frankfurt a. M.: 1995).

Kell/A. Lipsmeier, *Berufsbildung in der Bundesrepublik Deutschland: Analyse und Kritik*, (Hannover: 1976).

Klaus C. Hsu, *Die Übertragbarkeit des deutschen Berufsbildungssystems auf Taiwan*, (Berlin: 1988).

KMK, Verordnung über die Durchführung des Berufsschulunterrichts in Teilzeitform Unterrichtsstunden und Organisationsform vom 6.7.1977.

Manpower Services Commission (1983a), *Adult Training: MSC Proposals for Action*, (Sheffield: MSC, 1983).

Niklas Luhmann, Gesellschaftsstruktur und Semantik: Studien zur Wissenssoziologie der modernen Gesellschaft, (Frankfurt a. M.: 1993).

Olive Banks 著,林清江譯,教育社會學,高雄:復文圖書公司,1978 年。

Otfried Reinhardt, "Bildungspolitik", in: Axel Goerlitz (ed.), Handbuch zur Politikwissenschaft, (München: Ehrenwirth 1970), pp.31-38; Alfons O. Schorb, Pädagogisches Taschenlexikon, (Bochum: Ferdinand Kamp, 1975).

P. Dehnbostel, "Neue Chancen für die Integration beruflicher und allgemeiner Bildung", in Andreas Fischer / Günter Hartmann (eds.), In *Bewegung Dimensionen der Veränderung von Aus- und Weiterbildung*, (Bielefeld: 1994).

S. Roller, *Die Politik der schweizerischen Hochschulen auf dem Gebiet der allgemeinen Weiterbildung und der Nachdiplomstudien. Bericht zuhänden des Schweizerischen Wissenschaftsrates*, (Aarau, Neuchatel und Zürich: 1973)

Schweizerischer Wissenschaftsrat, *Förderung der Weiterbildung an den Hochschulen, Situation-Perspektive-Fragen*, (Bern: 1985).

W. Lempert, "Forschungsbezogenes und reflexives Lernen in erziehungswissenschaftlichen Seminaren", in Andreas Fischer/ Günter Hartmann.

W. Zapf 著，陸宏成、陳黎譯，現代化與社會轉型，（北京：社會科學文獻出版社，1998 年）。

Wilma S. Longstreet & Harold G. Shane, *Curriculum for a New Millennium*, (Needham Heights: 1993).

王靜珠，幼稚教育，（台中，1992 年）。

田培林，教育與文化，（台北：五南圖書出版公司，上冊）。

成一法師，佛教教育的學制與課程內容的探討，（台北：華梵佛學研究所，1984）。

吳正吉，我國各級教育法，（高雄：復文圖書公司，1990）。

呂寶水，〈大學之簡史及其理念〉，錢穆等著，教育學術文集（上），（台北：三民書局，1990 年 2 月）。

李孟翰，現代佛教學院課程的釐定與師資培育芻議，（台北：華梵佛學研究所，1984）。

李軍，玄儒佛道教育理論比較研究，（台北：文津出版社，1994 年）。

林玉體，西洋教育史，（台北：文景出版社，1997 年），頁 351。

林玉體，西洋教育史專題研究論文集，（台北：文景出版社，1984 年）。

南俊男，佛陀眾生教化理念在現代教育的意義，（台北：國立政治大學碩士論文未出版）。

翁麗芳，幼兒教育史，（台北：心理出版社，1998 年）。

國立編譯館主編，教育史，（台北：正中書局，1983年）。

張爭鳴，〈宗教與體育〉，世界宗教文化，1989年第3期。

張春興，張氏心理學辭典，（台北：東華書局，1989年）。

張欽盛，歐洲教育發達史，（台北：金鼎圖書文物出版社，1986年）。

許仟，〈歐洲大學成人教育之新命題〉，成教學刊，第11-15期，（澳門：1998年）。

許仟，〈德國大學教育的理念〉，佛光學刊，創刊號，（嘉義：1996年）。

許仟，德國問題新論，（嘉義：南華管理學院編譯中心，1998年）。

許仟譯，法國職業養成訓練之發展，（台北：行政院勞委會職訓局，1990年）。

郭為藩，〈法國大學教育的危機〉，國立台灣師範大學教育研究所編著，高等教育，（台北：偉文出版社，1979年6月）。

陳玉玲，啟示錄淺釋，（台北：1987年）。

陳伯璋，〈世界主要國家高中課程發展之趨勢分析〉，二十一世紀的高級中等教育，（台北：台灣書店，1992年）。

陳娟珠，現代佛教興學的意義，（台北：華梵佛學研究所，1984）。

陳迺臣，談佛教教育內容及方法之研究，（台北：華梵佛學研究所，1984）。

陳麗娟，歐洲共同體法導論，（台北：五南圖書公司，1996年）。

游美貴、林文懿，幼兒保育政策與法令，（台北：華騰文化公司，1998年）。

黃明月，終生學習與課程改革，（台北：師大書苑，1996）。

黃偉合，歐洲傳統倫理思想史，（上海：華東師範大學出版社，1991
　　　　年）。

楊東川，心靈地圖，（台北：永望文化公司，1997年）。

楊東川，宣教學原理，（香港：1981年）。

楊荊生，台灣地區蒙特梭利學校之評析，（台北：國立台灣師範大
　　　　學博士論文未出版，1994年）。

趙曉薇，〈台灣佛教組織與社區終身學習──以國際佛光會為例〉，
　　　　社區終身學習，（台北：師大書苑，1999年）。

劉俊裕，歐洲文化整合之研究，（台北：淡江大學歐洲研究所，1997
　　　　年）。

劉煥俊，何謂基督教，（台北：1988年）。

釋慧開，〈台灣佛學院教育之探討──以佛光山叢林學院為例〉，
　　　　（嘉義：第一屆非營利組織管理研討會，2000年）。

蔡昌雄，〈從組織文化角度檢視佛光山人間佛教的開展〉，（嘉義：
　　　　第一屆非營利組織管理研討會，2000年）。

盧曼著，劉小楓編，宗教教義與社會演化，（香港：漢語基督教文
　　　　化研究所，1998年）

謝力中，佛教教育現代化，（台北：華梵佛學研究所，1995）。

謝文全，中等教育，（台北：文景出版社，1992年）。

謝家樹，基督教歷代別異神學思想簡介，（台北：1994年）

釋見潤，佛教成人教育課程規劃之研究，（嘉義：國立中正大學成
　　　　人及繼續教育研究所碩士論文未出版，1998）。

饒欽達，〈我國職業學校課程之演變與未來發展〉，二十一世紀的
　　　　高級中等教育，（台北：台灣書店，1992年）。

龔蕙瑛，佛教團體教育的現況與評估，（高雄，國立師範大學碩士
　　論文未出版）。

龔鵬程，年報：一九九六龔鵬程年度學思報告，（嘉義：南華管理
　　學院，1997）。

國家圖書館出版品預行編目資料

佛光山與教育

許仟著. – 初版. – 臺北市：臺灣學生，2012.03
面；公分

ISBN 978-957-15-1556-4 (平裝)

1. 佛光山 2. 佛教教育

220.3   100025608

佛光山與教育 (全一冊)

著　作　者：許　　　　　　　　　仟
出　版　者：臺 灣 學 生 書 局 有 限 公 司
發　行　人：楊　　　　雲　　　　龍
發　行　所：臺 灣 學 生 書 局 有 限 公 司
　　　　　　臺北市和平東路一段七十五巷十一號
　　　　　　郵 政 劃 撥 帳 號 ： 0 0 0 2 4 6 6 8
　　　　　　電　話　：（0 2）2 3 9 2 8 1 8 5
　　　　　　傳　眞　：（0 2）2 3 9 2 8 1 0 5
　　　　　　E-mail：student.book@msa.hinet.net
　　　　　　http://www.studentbook.com.tw

本 書 局 登
記 證 字 號：行政院新聞局局版北市業字第玖捌壹號

印　刷　所：長 欣 印 刷 企 業 社
　　　　　　新北市中和區永和路三六三巷四二號
　　　　　　電　話　：（0 2）2 2 2 6 8 8 5 3

定價：新臺幣二八○元

西 元 二 ○ 一 二 年 三 月 初 版